여성 게이머는
총을 쏠 수 있는가

여성 게이머는 총을 쏠 수 있는가

윤태진, 김지윤 지음

mons 몽스북

차례

추천의 글

우리 인류사에는 참으로 안타까우면서도 끈질기게 되풀이되는 악순환이 있다. 이 세상에 혁신이라는 것이 등장할 때마다 소외되고 평가절하되는 사람들이 여성이라는 점이다. 하지만 결국 그 여성들이 중심이 되어야만, 그들이 인정하고 공유해 주어야만 그제야 그 혁신은 시대의 주역으로 자리매김할 수 있었다. 그렇게 해야만 주요 산업과 생태계로 정착이 가능해졌고 인류와의 공존이 가능해졌다. 활자, 증기 기관, 전기와 IT 그리고 세상의 모든 새로운 교육과 제도가 그랬다.

이제 세상은 '게임'을 향해 혁신의 방향을 가리키고 있다. 이 책은 현재와 미래의 핵심 산업인 게임이 우리 사회에 제대로 안착할 수 있는가의 여부를 다루는 매우 의미심장한 시대 보고서이다. 더 나아가서 젠더와 게임을 통해 우리 사회가 앞으로 어떻게 나아가야 하는지, 그 해법을 볼 수 있을 것이다. 읽을수록 절묘한 통찰들이 넘쳐나는 책이다.

김경일(인지심리학자)

#1. 서울 강남역 10번 출구에서 한 젊은 여성이 살해당했다. 2016년 5월의 일이다. "여자들에게 무시를 당하는 걸 더 이상 참을 수 없어서 범행을 저질렀다."는 가해자의 진술이나, 앞서 마주친 6명의 남성은 공격하지 않았다는 점 때문에 이 사건이 여성에 대한 맹목적 혐오가 낳은 결과라는 주장이 나왔다. 사람들은 분노하거나 공포를 느꼈다. 피해자 추모 집회가 열렸고, 이 사건이 벌어지기 전 1년 동안 온라인 사이트 '메갈리아'의 탄생과 '워마드'의 독립, '소라넷'의 폐쇄를 목격한 이들은 강남역 살인 사건 피해자 추모 집회를 페미니즘의 재탄생 혹은 전면화를 상징하는 사건으로 간주했다. 동시에 소위 '이대남'과 '이대녀'가 대립하고 갈등하게 된 역사적 발아점으로 여겨지기도 한다. 시간이 꽤 지났지만 아직도 이 '강남역 살인 사건'은 현재 진행형 사

건과 현상을 설명하는 도구로 소환된다.

#2. 두 달 후, 온라인 액션 RPG인 〈클로저스Closers〉의 성우 김자연 씨가 트위터에 'GIRLS Do Not Need A PRINCE'(소녀는 왕자를 필요로 하지 않는다) 문구가 새겨진 티셔츠를 입은 사진을 올렸다. 〈클로저스〉 성우 교체 사건의 시작이었다. 이 티셔츠는 온라인 커뮤니티 '메갈리아4'가 진행한 여성 폭력 피해자 돕기 행사의 후원자들에게 기념품으로 전달된 물품이었다. 김자연 성우는 후원 행사의 취지에 동감해서 올린 포스팅일 뿐이라고 항변했지만, 그에게는 이미 '반사회적 남성 혐오자'라는 함의의 '메갈' 낙인이 찍혔다. '메갈'이 더빙한 게임을 거부한다는 남성 이용자들의 항의 글과 불매 운동이 이어졌고, 퍼블리셔 넥슨은 김자연 씨의 양해하에 녹음된 음성을 다른 성우의 것으로 대체했다. 2018년에는 〈소녀전선〉과 〈마녀의 샘 3〉의 일러스트레이터가 트위터에 남긴 글들 때문에 이용자들로부터 비슷한 공격을 받았고 비슷한 결과를 낳았다. 남성 유저들은 힘을 행사했고, 게임사들은 전전긍긍했다.

#3. 인터넷 방송인 갓건배는 여성 혐오에 대한 미러링을 명

분으로, 방송에서 남성 게이머를 조롱하는 발언을 하며 인기를 모았다. 하지만 갓건배에 대한 일부 남성 BJ들의 비판도 격화하면서 남녀 이용자 간의 심각한 갈등으로 비화되었다. 소위 '여혐'(여성 혐오) 유튜브 채널과 후원금 모집 경쟁이 생기기도 했고, 상대 채널의 계정 정지나 제재를 위한 신고도 경쟁적으로 벌어졌다. 결국 관련 유튜브 채널들은 2017년 9월 운영 정지 처분을 받았다. 특히 남성 BJ들이 갓건배의 집으로 찾아가 죽이겠다며 생방송을 한 사건의 파장은 국회 대정부 질문으로까지 이어졌다. 게임에 관심 없는 이들에게는 잘 알려지지 않았던 사건이었으나, 남녀 게이머들에게는 젠더 갈등의 폭력화가 정점에 이른 사건으로 기억된다.

#4. 2017년 무렵, 온라인 게임 〈리그 오브 레전드League of Legends〉[줄여서 LoL(롤)이라고 부른다.] 유저 사이에서 '혜지'라는 신조어가 사용되기 시작했다. 남성 게이머의 도움을 얻어 승리하고 레벨을 높이는 여성 게이머를 비하하는 이 단어는 〈롤〉 이외의 게임에서도 의존적이고 기회주의적인 여성 게이머를 통칭하는 단어가 되었다. '여왕벌'도 게이머들 사이에서 비슷한 의미로 사용된다. 여왕벌을 치

커세우며 특혜를 주는 남성들은 '물소'나 '일벌'이라는 이름으로 불리며 비난받곤 한다. 여성을 지칭하는 의미로 시작된 용어 '혜지'는 이제 성별과 무관하게 사용된다. 서포팅 포지션을 통칭하기도 하지만, 대부분 누군가가 몸 사리는 플레이를 하면 여지없이 '혜지'라는 호명이 튀어나온다. 실제 성별을 알 수 없더라도 그건 별로 중요한 것이 아니다. 여성이라면 그냥 '혜지'로 몰아붙이고, 설령 남성으로 드러나더라도 '혜지(같은 남성)'라 부르며 조롱한다. 또 다른 성격의 여성 혐오다.

#5. 2020년, 게임 회사 노동자 출신이자 인터넷 방송 BJ였던 류호정 씨가 21대 국회의원이 되었다. 정의당 비례대표 1번이었다. 하지만 대학 시절에 친구에게 계정을 빌려주어 계정 티어를 높였던 과거가 재조명되면서 비난과 논란의 대상이 되었다. 특히 '게임'과 '공정'에 대한 애착이 큰 젊은 남성들의 심기를 건드렸고, 해명과 사과가 불충분하다는 이유로 정의당 탈당 운동이 벌어지기도 했다. 류호정 의원의 의정 활동과는 무관하게 그에 대한 기사가 나올 때마다 '대리 게임' 전력은 비난 댓글의 단골 재료가 되었다. 원인과 결과 관계는 모호하지만, 류 의원에 대한 게이머들

의 비난과 정의당에 대한 젊은 남성들의 냉담함은 상승 작용을 일으키며 21대 대통령 선거에까지 영향을 미쳤다.

5년 정도의 길지 않은 기간 동안 많은 사건들이 있었다.

모두 옮겨 적을 수도 없을 만큼 젠더 이슈는 게임판을 여러 차례 흔들었다. 사실 젠더 이슈라고 말하기도 좀 어색한데, 이는 '남녀 간의 갈등' 문제라기보다 대개는 게임판의 '여성' 문제였기 때문이다. 게임 세계는 전통적으로 남성적이었다. 이 세계에서 남성은 당연한 존재였고, 여성은 예외적 존재였다. 1980년대의 '전자오락실'과 1990년대 이후의 PC방, '바다이야기'로 대표되는 2000년대의 불법 도박장 그리고 e스포츠 경기장의 관람석에 이르기까지, 의자 대부분에는 남성이 앉아 있었다. 여성 게이머는 존재만으로도 관심의 대상이었고, 게임을 잘하기라도 하면 특별한 존재가 되었다. 게임을 만드는 사람도 대부분 남성이었고, 게임 속 전사나 히어로도 대부분 남성이었다.

그러다가 비교적 최근부터 여성 게이머들이 등장했고, 게임업계에 여성 인력이 늘었으며, 게임 속 여성의 모습과 역할이 달라지기 시작했다. 위에 나열한 사건들은 모두 게임 세계에서 여성의 비중이 커지면서 불거진 일들이었고, 원래 지배적 자리를 차지하고 있던 남성들에게는 갑자기 생겨난 '시끄러운' 사건들이었다. 우리나라만의 일은 아니다. 미국의 게임 문화를 분석한 제니퍼 디윈터Jennifer DeWinter와 칼리 에이 코큐렉Carly A. Kocurek이 말했듯, 게임 세계의 남성들은 "여성들이 게임 커뮤니티에 진입하는 순간 그들이 무슨 일을 겪든 스스로 자초한 것이다."라고 생각하는 경향이 있다. 즉 게임 커뮤니티라는 남성적인 공간에서 여성들이 불편함을 느낀다면, 그것은 남성들이 행동을 바꾸어야 할 이유가 되지 않는다. 여성들이 애초에 그 공간에 진입하지 말았어야 한다는 것이다. 게임 세계에서 여성은 초대받지 않은 침입자이다.

하지만 현실의 게임 세계가 더 이상 남성의 전유 공간이 아니라는 사실은 통계로도 확인된다. 특히 캐주얼 게임이나 모바일 게임의 비중이 높아지면서, 여성 게이머의 비중은 남성과 별 차이가 없어졌다. 한국콘텐츠진흥원이 펴낸 『2022 대한민국 게임백서』에 따르면, 우리나라 전체 남성 인구 중 게임을 즐기는 이들의 비율은 75.3%, 여성의 경우는 73.4%이다. 거의 차이가 없다. 특히 모바일 게임 이용자는 여성 비율이 남성을 앞선 지 오래다. 남성의 60.2%,

여성의 65.0%로 나타났는데, 게임 이용자로 범위를 좁히면 각각 79.9%와 88.6%였다. 전체 인구 중 PC 게임을 즐기는 이의 비율은 40.3%인 데 비해 모바일 게임 인구 비율은 62.6%라는 점과 모바일 게임 이용자의 분포에서 성별·연령별로 현격한 차이를 발견할 수 없다는 점을 상기한다면, 게임을 더 이상 '젊은 남성들'을 위한 놀이라 부를 수 있는 시대는 지났다고 말해도 과언이 아니다.

낯선 게임 공간에 새롭게 발을 디딘 이들은 여성 게이머만이 아니었다. 갓건배나 '혜지' 논란은 여성 게이머가 수적으로 늘어나면서 증폭된 사건이었지만, '클로저스 사건'과 이어진 소위 '메갈 검열' 열풍은 여성 게임 인력의 확대와 관련된 문제였고, 게임 〈오버워치Overwatch〉의 여성 캐릭터 묘사와 관련된 논란이나 〈가디언 테일즈Guardian Tales〉의 대사 수정을 놓고 벌어졌던 격한 키보드 전쟁의 핵심에는 게임의 여성 묘사 논란이 자리하고 있었다. 요약하자면, '여성의 진입'에 따른 갈등과 논란 혹은 변화는 크게 세 가지 영역에서 일어났다. 게임하는 여성 '플레이어', 즉 이용자 영역, 게임 속 여성의 '재현' 영역 그리고 게임을 만드는 여성 '노동자' 영역이다. 이 책 『여성 게이머는 총을 쏠 수 있는가』에서는 이 각각의 영역에서 어떤 변화가 일어나고 있는지, 그 의미는 무엇인지 따져보려 한다.

치밀한 이론적 논의와 방대한 실증 자료를 동원한 '연구 결과'를 제시하려는 것은 아니다. 현실을 비판하며 한국 게임의 나아갈 방향을 제시하는 계몽적 선언을 하려는 것도 아니다. 이미 현실이 되었지만 많은 사람들이 인지하지 못하거나 인정하려 하지 않는 모습들을 최대한 여러 시각에서 그려보는 것이 일차적인 목적이다. 게임은 재미있어야 하고, 사람들은 즐거움을 얻기 위해 게임을 해야 한다. 게임을 만드는 사람도 하는 사람도, 남성이든 여성이든, 청소년이든 노인이든, 돈이 많든 적든 즐거워야 한다. 하지만 최근 몇 년 동안 벌어졌던 사건들은 게임판의 행위자들로 하여금 분노하거나 자학하거나 냉소하거나 오만하게 만들었다. 왜인가? 무엇이 문제인가? 앞으로도 계속 이럴까? 이런 매우 상식적인 질문들에 건조한 답을 만드는 작업이 필요하다는 뜻이다. 이 책이 하려는 일이다.

모든 고민의 목표는 '더 많은 사람들이 즐길 수 있는 게임 문화의 정착'이다.

SECTION 1. 게임하는 여성

여성 게이머는 보이지 않는다

여성 게이머에 대한 논의는
일상적으로 맞닥뜨리는 주제이다.
여성 게이머는 어디에나 있다. 50세 미만 여성의 80% 이상이 게임을 이용한다고 답했을 정도다. 하지만 이들은 잘 보이지 않는다. 몇 년 전 필자가 직접 행한 게이머 조사에서 흥미로운 결과 하나를 발견한 적이 있다. 남성 응답자의 절반 이상(53.8%)은 우리나라 게이머 중 남성의 비율이 70% 이상일 것이라 짐작한 반면, 여성 중 같은 짐작을 한 비율은 반에도 미치지 못했다(47.5%). 남성 게이머들은 우리나라 게임 이용자의 절대 다수가 남성이라고 생각하는 경향을 보인 건데, 의외로 게임을 제일 많이 하는 10대 및 20대 응답자들이 남성 게이머의 비율을 높게 추정했다. 남성들 눈에는 여성 게이머가 실제보다 잘 안 보이는 셈이다. 그나마 눈에 보이는 여성 게이머들은 대개 조연이거나 훼방꾼이다. 미국에서도 남성들은 여성 게이머를 '섹시한 보조자'거나 '어리바리한 초보자' 혹은 '자칭 게임광이라 사기 치는 존재' 중 하나로 인식한다는 연구 결과가 있다. 그러다 보니 여성 게이머에 대한 (농담으로 포장된) 희롱이나 (진지한) 비난은 일상다반사가 되었고 이런 경험이 축적되면 여성 게이머는 게임의 즐거움을 잃게 된다. 여성 게이머, 이들은 누구이며, 왜 눈에 보이지 않는 걸까.

01 허락보다 용서가 쉽다고?!

뭇 남성의 가슴에 불을 지핀 한 편의 광고

2016년 플레이스테이션 코리아는 유튜브 채널에 3부작 광고 시리즈를 게시했다. 이 3편의 광고는 각각 다른 집단의 사람들을 광고 대상으로 삼았다. 바로 솔로, 유부남 그리고 '남자 친구'(남친)이다. 흥미로운 것은 이 광고 시리즈에서 주인공으로 설정된 인물들이 전부 남성이라는 것뿐만이 아니다. 이 남성들을 나누는 세 가지 그룹, 솔로와 유부남, 남친으로 분류하는 기준이 바로 그들의 연애 혹은 결혼 여부라는 점이다.

첫 번째 광고에서는 한 남성이 쓸쓸한 주말 저녁을 보내고 있는 모습이 나온다. 단체 카톡방에서 친구들에게 뭐 하냐고 물어도 아무도 대답이 없다. 마지막으로 그는 단체 카톡방에 회심의 한 마디를 던진다. "나 플레이스테이션4도

샀는데….” 그러자 그 전까지 카톡을 확인하지도 않던 친구들이 즉시 답장한다. “친구야! 진작 말하지!” 혼자 외롭게 소파에 누워 있던 남자의 방에 사람들이 요란하게 몰려오면서 다음과 같은 슬로건이 화면에 등장한다. “솔로들이여, 뭉치는 데는 이만한 게 없다!”

두 번째 광고의 주인공은 젊은 부부다. 함께 전자 기기 매장을 돌아다니던 중 남편이 플레이스테이션4를 발견한다. 아내를 잠시 다른 곳으로 보낸 남편은 게임기를 든 채 고민하지만, 머릿속에서는 벌써 아내의 잔소리가 맴돈다. “나갈 돈도 많은데… 다음 달 엄마 칠순에… 자기 용돈 좀 줄인다?” 고민에 빠져 있던 남편에게 한 무리의 사람들이 뛰어오면서 소리지른다. “유부남들이여, 허락보다 용서가 쉽다!” 허락을 구하고 게임기를 구매하기보다는 질러버린 후 용서를 구하는 편이 낫다는 것이다. 에필로그에서 남편은 플레이스테이션 기기를 경품으로 받았다고 거짓말하지만, 아내는 남편을 마구 때리면서 화를 낸다. “경품? 내가 X신이냐 그걸 모르게?!”

마지막 광고는 데이트 중인 남녀를 비춘다. 쇼핑센터에서 여자 친구와 팔짱을 낀 한 남자는 여자 친구에게 영화를 보고 싶은지, 카페를 가고 싶은지, 밥을 먹고 싶은지를

플레이스테이션4의 2016년 웹 광고

물으며 다양한 선택지를 제시하지만 여자 친구는 시원하게 답하지 않는다. 남자가 조금 짜증스럽게 묻는다. "그럼 자기는 뭐가 하고 싶은데?" 그러자 다른 두 광고에서와 마찬가지로 한 무리의 사람들이 달려오면서 남자에게 슬로건을 소리친다. "남친들이여, 데이트를 바꾸면 여친도 변한다!" 에필로그에서 남자 친구는 연인에게 집에서 플레이스테이션을 하자며 권유하고, 여자 친구는 "그러면 나 라면도 끓여 줄 거야?"라고 화답한다. 남자는 "당연하지! 무조건이지! 빨리 가자!"며 여자 친구의 손을 잡고 택시를 불러 세운다.

철저하게 남성을 타깃으로 한 게임기 광고

이 광고 시리즈가 주 고객층을 솔로 남성, 기혼자 남성, 여자 친구가 있는 남성, 세 가지로 분류하고 있다는 사실은 게임 산업이 남성과 여성을 각각 어떻게 여기고 있는지를 단적으로 보여준다. 모든 광고는 남자 배우들이 주인공을 맡고 있으며, 여성들은 게임에 관한 한 주요 의사 결정권자가 아니다. 각 광고에서 여성들은 (존재하지 않는) 여자 친구, 게임을 방해하는 아내 그리고 우유부단한 연인으로 등장한다. 특히 첫 번째 광고에서는 여성 배우가 직접 등장하지 않음에도 불구하고 여자 친구의 (빈)자리가 중요한 역할을 차지한다. "솔로들이여"라는 호명은, 주인공 남성이 주말 저녁을 쓸쓸하게 보내고 있다는 문제 상황을 연인의 부재로 인한 것으로 설정한다. 다른 두 광고의 서사를 고려한다면, 첫 광고의 주인공 남성 역시 이성애자가 아닐 확률은 없다. 요는 여성이 등장하지 않음으로 인해 여성의 (비어있는) 의미가 부각되는 셈이다.

두 번째 광고는 3부작 중 가장 열렬한 환호와 날카로운 비난을 함께 받았던 작품이다. 유부남들의 애환을 압축적으로 표현했다는 칭찬을 받으며, 이후 "허락보다 용서가 쉽다."는 카피는 다양한 상황에서 밈으로 사용됐다. 동시에 광고 속 남편의 행동은 부부를 경제 공동체로 생각하지 않는 무책임한 행동이라는 비판 목소리도 컸다. 광고에서는 유머러스하게 표현되었음에도 불구하고 아내를 속이고 게임기를 구매한 남자의 행동에 많은 기혼 여성들은 "내가 X신이냐?"고 외치는 아내의 심정에 이입해 분노하며 한탄했다. 여기서 '아내'는 게임이라는 남성들의 은밀하고 특별한 취미를 이해해 주지 못하는, 남자들이 게임을 플레이하기 위해서는 넘어야 할 일종의 장애물이다. 이러한 묘사는 2018년의 플레이스테이션4 광고 '허락을 위한 분명한 명분'에서도 이어진다. 이 영상 속에서 예비 신랑은 혼수로 플레이스테이션4를 구매하려 하지만 예비 신부의 반대에 부딪힌다. 이때 예비 신부의 모습은 〈다크 소울Dark Souls〉과 〈몬스터 헌터: 월드Monster Hunter: World〉의 몬스터로 표현된다.

하나 흥미로운 점은, 2018년 광고에서는 반전이 있다는 점이다. 예비 신랑의 플레이스테이션 구매를 도와주는 사람 중 한 명이 여성으로 묘사되며, 화난 예비 신부가 사실은 이미 플레이스테이션을 구입해서 신랑에게 선물로 주려 했다는 뒷이야기가 소개된다. 아마도 2016년 광고 시리즈가 받았던 비판들을 어느 정도 의식해서 여성의 위치를 다소 옮긴 것으로 보인다. 그럼에도 불구하고 여전히 '게임을 하고 싶은 남편'과 '게임을 반대하는 아내'의 구도는 일관된 스토리 뼈대로 작동하고 있다.

2016년 3부작 광고에서 첫 번째 광고가 여자 친구가 없는 것을 문제 상황으로 설정하고, 두 번째 광고가 게임을 방해하는 아내를 골칫거리로 묘사했다면, 세 번째 광고는 여자 친구를 일종의 보상으로 묘사한다. 이 광고는 커플에게 플레이스테이션 데이트를 할 것을 제시하지만 이는 단순히 놀거리를 제공하는 것에서 멈추지 않는다. 광고 마지막 장면에서 여자 친구가 "라면도 끓여 줄 거야?"라고 묻고, 그에 대해 남자 친구가 지나치게 호들갑을 떠는 연출은 "라면 먹고 갈래?"로 대표되는 일종의 성관계에 대한 은유이다. 이를 못 알아듣는 사람은 없을 것이다. 광고는 기존에 널리 퍼져 있는 고정 관념이나 비유 혹은 연상 작용들을 섞어서 새로운 의미의 연쇄를 만들어내기도 한다. 이 광고에서는 여자 친구와 함께 플레이스테이션을 플레이할 경우 성관계도 (쉽게) 할 수 있다는 메시지가 만들어진다.

광고에서도 배제하는 여성 게이머라는 존재

앞에서 소개한 광고들이 소구하는 대상은 모두 남성이며, 여성 배우는 여자 친구 혹은 아내의 역할을 연기하게 된다. 동시에 여성은 남성에게 연애의 대상으로서 꼭 필요한 존재로 여겨지기도 한다. 하지만 광고 속 여성은 자기 자신이 게이머이기보다는 게임을 못 하게 방해하는 사람이거나 남친을 따라 게임을 하게 되는 우유부단한 존재로 그려진다. 여성은 자발적으로 게임기를 사고, 게임을 골라서, 게임을 즐길 수 없는 존재인가?

디지털 문화 연구자인 아메리칸대학의 에이드리엔 마사나리Adrienne L. Massanari 교수는 닌텐도의 게임 기기인 위wii

광고를 분석한 바 있다. 이 광고들은 닌텐도의 판매 전략에 따라 전통적으로 게임에서 배제되어 있던 여성과 노인을 포섭하려 시도했다. 하지만 '모두를 위한' 게임을 주창하면서도 여성(특히 전업주부)은 여전히 게임과 거리가 멀다는 고정 관념에서 크게 벗어나지 못했다는 것이 마사나리의 주장이다. 특히 스페인, 일본에서 방영된 광고와 더불어 우리나라의 광고도 언급하고 있는데, 이 광고들이 놀이, 재미, 사교성에 관한 미묘한 관점을 수용자에게 내재화시킨다는 결론으로 이어진다. 여성(주부)이 혼자 게임을 하는 것은 '단순한 휴식'이고, 다른 사람과 함께 게임을 할 때 비로소 '즐거움'을 느낀다는 것이다. 여성은 '혼자 게임을 즐길 수 있는' 존재로 표현되지 않는다.

게임기를 사겠다고 배우자의 '허락'을 받는 것보다 몰래 산 이후에 '용서'를 받는 편이 더 나을 수도 있겠다. 하지만 구입과 플레이의 주체가 아내이고 허락과 용서의 주체가 남편이라는 구도였다면 시청자들의 반응은 어땠을까? 광고에서조차 여성 게이머는 존재하지 않는다.

위Wii 광고의 한 장면
(출처: wii.com)

02

섹시하거나,
어리바리하거나,
거짓말쟁이거나

밈이 된 여성 게이머

미국 사회에는 다양한 인종의 사람들이 살고 있지만, 흔히 백인(white)과 유색 인종(colored)이라는 두 종류로만 구분되곤 한다. 이는 모종의 관습과 이념이 쌓여 사람들을 '백인'이라는 묵시적 규범과 나머지 (색깔 있는) 명시적 타자로 구분하는 것에 익숙하기 때문이다. 마찬가지로 얼굴과 몸이 보이지 않고 목소리가 들리지 않는 온라인 게임에서 모든 게이머는 기본적으로 남성이라고 전제된다. 게임 세계의 남녀는 그저 반대항에 존재하는 두 집단이 아니라, '너무나 당연해서 눈에 띌 이유가 없는' 남성과 '남성이 아닌, 그래서 눈에 띄는' 여성으로 구분된다. 여성 게이머는 예외적 존재이다. 수적으로 많고 적음은 그리 중요하지 않다.

텍사스공과대학 교수인 메건 콘디스Megan Condis는 온라인 게임 문화 속의 젠더 갈등을 연구해 왔다. 그는 인터넷 게시판이나 소셜 미디어에서 널리 확산된 여성 게이머 밈을 분석했는데, 인기 있는 밈에서 끊임없이 만들어내고 퍼트리는 여성상을 세 종류로 나눌 수 있다고 결론 내렸다. 섹시한 보조, 어리바리한 초보 그리고 게임 덕후인 척하는 거짓말쟁이. 여성 게이머는 이 세 종류 중 하나로 묘사된다.

'밈meme'이란 사람들 간에 퍼지는 바이러스 같은 문화적 아이디어 조각이다. 얼마나 문화적으로 적합한지에 따라 확산되기도, 퍼지지 못하고 소멸되기도 한다. 밈은 지금 사회에서 무엇이 중요한 이슈가 되는지를 반영한다. 그러니 콘디스의 밈 분석 결과는 "실제로 대부분의 여성 게이머들이 이런 세 종류밖에 없다."는 것이 아니라 대부분의 사람들은 여성 게이머가 "이 세 종류로 대표된다."고 막연하게 믿고 당연시하는 현상을 보여준다.

'섹시한 보조'라는 오래된 문화 코드

'섹시한 보조(sexy sidekick)'는 남성 게이머의 조연이자 로맨스 상대이다. 배트맨을 도와 빛을 내주는 로빈이고, 마술사의 신비로운 능력을 포장하는 미녀 보조이다. 잠시 경쟁의 상대일 수는 있으나 동등함은 오래가지 않는다. 이 유형은 남성의 능력이 우월하다는 사실을 전제로 한다. 안젤리나 졸리의 주연 데뷔작으로도 잘 알려진 영화 〈해커스〉에서, 남성 주인공 데이드는 거만하고 남성적인 여주인공 케이트와 해킹 내기를 한다. 이때 데이드는 자신이 이기면 케이트가 치마를 입고 자신과 데이트를 해야 한다는 조건을 내건다. 내기는 데이드의 승리로 끝나고, 케이트는 데이드의 보조가 되며, 영화답게 여러 우여곡절을 겪지만 결국 선머슴 같던 케이트가 화장을 하고 드레스를 입은 채 데이드를 만나는 것으로 마무리된다. 잠시 남성적 '경쟁자'였으나, 결국 여성적 '연애 대상'으로 전환되어 주인공의 남성성을 부각해 주는 존재가 된 것이다.

MMORPG에서 대부분의 여성 게이머들은 서포터나 힐러 역할군을 맡는 경향이 있다. 주인공 격인 딜러dealer 포지션을 맡는 경우는 많지 않다. 이는 전통적으로 힐러healer나 서포터 캐릭터가 여성으로 표현되어온 게임 내러티브의 영향도 크다고 생각되지만, 원인과 결과의 관계는 명확하지 않다. 중요한 것은 여성이 서포터를 맡는 것이 당연하다고 생각하는 보편적 믿음이다. 일부 여성 게이머들도 이러한 믿음을 수용한다. 그래 왔고, 당연했고, 익숙하기 때문이다.

나아가 여성은 남성의 게이밍 능력으로 쟁취하는 보상물이 되거나 그 능력을 증명할 수 있는 상징물이 되기도 한다. 사냥에 뛰어난 수렵 시대의 남성들이 멧돼지와 미녀를 함께 쟁취하는 모습은 신화나 영화를 통해 우리에게 익숙한 스토리이다. 카지노에서 재력과 매력을 과시하기 위해 아름다운 미녀를 옆에 앉힌 남성의 모습 또한 익숙한 영화 장면들이다.

물론 이 역시 '그러려니' 하고 믿는 이미지들이다. 실제로 원시 수렵 시대에 여성들도 일상적으로 대형 동물 사냥에 참여했다는 연구 결과도 있다. 남미 안데스 산맥에서 발굴된 사냥꾼 무덤에 대한 인류학자들의 연구 결과에 따르면, 여성이 전체 사냥 인력의 30~50%에 달하는 것으로 나타났다. 약 13만 년 전부터 8천 년 전에 이르는 무덤 발굴 기록을 분석한 결론이다. 하지만 밈의 힘은 사실로부터 나오는 것이 아니라 사실이라는 믿음이나 패러디에 대한 공감으로부터 나온다. 당구나 볼링을 칠 줄 모르지만 남자 친구를 따라 큐나 공을 잡고 어설프게 플레이하는 여성의 모습, 규칙도 잘 모르지만 야구장에 가서 남자 친구의 세세한 설명을 듣고 있는 여성의 모습. 이는 남자 친구 따라 덩달아 게임을 (미숙하게) 하는 여성의 모습으로 이어진다. 오래된 '섹시한 보조'의 전형이다.

현실에 대한 남녀 간의 인식 차이는 크다. 2018년에 진행된 우리나라 게이머 대상 조사에서 "여성들은 게임을 왜 하는가?"라는 질문을 한 적이 있다. "주로 남자 친구들이 하니까 자기들도 한다."거나 "남자들의 관심을 받으려고 게임을 한다."는 진술문에 대해 여성 응답자 중 각각 37.6%와 52.3%가 "전혀 아니다."라는 '강한 부정'으로 답했다. 하지만 남성 응답자 중 같은 답변을 한 비율은 각각 24.2%와 34.6%였다. '섹시한 보조' 유형은 현실에서보다 남성들의 머릿속에서 더 쉽게 찾을 수 있는 존재이다.

엉터리 게임만 깨작거리는 어리바리 게이머

미숙한 게이머의 모습은 밈의 두 번째 유형인 '어리바리한 초보 게이머(filthy casual or dabbler)'로 연결된다. 복잡한 온라인 게임은 못하는 '진지하지 못한' 게이머를 지칭한다. 현대어 사전에는 'filthy casual'을 "인터넷 게시판이나 소셜 미디어 등에서 캐주얼 게임이나 쉬운 게임만 즐기는, 혹은 (복잡한 게임에서도) 간단한 플레이만 하는 게이머를 부정적으로 묘사하기 위해 사용하는 용어"라고 설명한다. 용어 자체에 성별 코드가 있는 것은 아니지만, 당연하게도 이 어리바리 초보의 다수는 여성이다. 그렇게 믿어진다. 거꾸로 여성의 다수는 어리바리 초보이다. 그렇게 믿어진다.

여성 게이머의 두 번째 유형이 공감되고 퍼지기 위해서는 두 가지 기본적인 전제가 필요하다. 우리나라나 미국이나 이 점에 있어서는 큰 차이가 없을 것이다. 하나는 하드코어 게임은 남성, 캐주얼 게임은 여성의 것이라는 전제이고, 두 번째는 하드코어 게임과 캐주얼 게임은 단순히 '다른' 장르의 게임이 아니라 각각 '진짜' 게임과 '엉터리' 게임을 대표한다는 전제이다. 이 둘이 만나면, 당연히 '진짜 게임을 즐기고 사랑하는 남성'과 '별 생각 없이 엉터리 게임을 깨작거리는 여성'의 구도가 완성된다.

실제로 한국콘텐츠진흥원이 2023년 발표한 조사 결과에 의하면 PC 게임을 가장 즐겨 한다고 응답한 남성의 비율은 41.2%인 데 비해 여성은 20.5%에 불과했고, 모바일 게임을 가장 많이 한다는 응답 비율은 여성이 72.7%, 남성이 52.7%였다. 게임 이용의 성별 차이가 존재하는 것은 분명하다. 하지만 남성조차 모바일 게임을 더 즐긴다는 답변이 전체의 절반을 넘었다는 사실은 이미 게임의 대중적 트렌드가 PC에서 모바일로, 하드코어 게임에서 캐주얼 게임으로 이동했음을 보여준다. 그럼에도 하드코어 PC 게임이 '진짜' 게임이라 우기는 이들은 누구인가? 풍선을 터트리거나 숫자를 맞추면서 '감히 게임을 한다고 말하는 이들'을 비웃는, 소위 '겜부심(게임 자부심)' 넘치는 진성 게이머들이다.

이들의 시각에서는 웹 보드게임을 즐기는 노인들도, 방치형 게임을 켜놓고 딴짓하는 젊은이들도 다 게임을 모르는 사람들이다. 여성은 이 '엉터리' 게이머들을 대표하는 집단으로 지목되었을 뿐이다. 현실에는 '어리바리한 초보 게이머'가 겜부심 넘치는 진성 게이머보다 훨씬 많지만, 인터넷 게시판이나 소셜 미디어 한구석에서는 이들 다수 집단이 조롱의 대상이 되어 밈으로 소비되는 셈이다.

게임 덕후인 척하는 거짓말쟁이

여성 게이머를 그리는 밈의 세 번째 유형은 '위조 게임광(fake nerd girl)', 다시 말해 '게임 덕후인 척하는 거짓말쟁이'다. 엉터리 게이머가 아닌 '진짜' 게이머인 척하는 사기꾼의 상이다. 널리 퍼진 밈에 의하면 여성은 '진짜 게이머'일 수 없다. 그런데 보조 역할도 아니고 어리바리하지도 않으면서 심지어 게임을 잘하는 (혹은 잘한다고 주장하는) 여성들이 있으면 그들은 '사기꾼'으로 분류된다. 온라인의 법칙에 따르면 여성은 겸허하게 남성의 가면을 쓰거나, 이를 거부할 경우에는 끊임없는 자기 증명을 요구받는다. 게임에서도 마찬가지이다. 여성이 '진짜 게이머'로 인정받기 위해서는 자신이 진짜로 여자임을 끊임없이 증명해야 한다.

2016년 〈오버워치〉 프로 경기에서 탁월한 성적을 보인 '게구리'라는 선수가 있다. 당시 여고생이던 게구리 선수는 핵 사용 의심을 받았다. 제작·배급사인 블리자드로부터 부정행위가 없었다는 확인까지 받았지만 논란은 완전히 가시지 않았고, 이후 방송에 직접 출연해서 실력을 입증함으로써 겨우 결백을 인정받을 수 있었다. 일부 남성 게이머들은 이 논란 자체가 그저 실력 뛰어난 선수를 둘러싼 의혹 제기일 뿐 성별이 관여된 사건은 아니라고 주장하지만, 당시 온라인을 뒤덮었던 여성 비하적 표현들은 여성 게이머에 대한 전형적인 편견을 보여줬다. 일상적으로도 드물지 않은 광경이다. 출중한 실력을 보이는 여성 게이머는 일단 의심부터 받고, 의혹을 벗은 다음에는 "여자치고 참 잘한다."는 모호한 칭찬을 듣고, 그 이후에도 같은 티어의 남성 게이머보다는 인정을 받지 못하는 이상한 궤적을 밟게 된다.

밈 속에 나타난 '게임 덕후인 척하는 거짓말쟁이'는 '여왕벌'의 모습으로 나타나기도 한다. '여왕벌'이란 실력과는 무관하게 게임 커뮤니티에서 이득을 취하려는 여성 게이머들을 비꼬는 용어이다. 남성 게이머들에게 접근해 관심을 받고자 하고, 때로는 금전적 이득을 취하려는 여성상인데, 실제로 얼마나 존재하는지와 무관하게 게임 커뮤니티에서는 매우 흔하게 발견되는 밈이다. 여기서 여성은 남성의 관심을 갈망하며, 인정 욕구로 인해 옳지 못한 행동을 하는 존재로 여겨진다. '바보 너드 소녀(Idiot Nerd Girl)'라는 밈 시리즈가 있다. 남성 중심의 너드nerd 문화를 수박 겉핥기식으로 이해한 여성이 남성들에게 인정받기 위해 게임을 잘 아는 척하지만, 결국 자신이 너드임을 입증하는 데 실패하여 조롱의 대상이 되는 모습을 다룬다.

밈에 나타난 여성 게이머의 모습이라곤 하지만, 앞서 언급한 세 가지 유형의 여성 게이머는 (여성들을 포함한) 많은 게이머들이 갖고 있는 여성 게이머에 대한 선입견을 반영한다. 세 유형 어디에도 게임을 진정으로 좋아하고, 즐기고, 잘하는 주체적인 존재는 발견하기 어렵다. 모든 게이머는 기본적으로 남성으로 상상되는 이유이기도 하다.

바보 너드 소녀

(출처: https://memecenter/cristinel)

03 여성 프로 게이머의 신화

여고생이 승률 80%의 〈오버워치〉 유저라고?!

2016년 여름 〈오버워치Over Watch〉 게임 커뮤니티를 뜨겁게 달구었던 논란이 있다. 넥서스컵 경기에서 아티잔(UW Artisan) 팀의 '게구리' 선수가 불법 프로그램인 '핵'을 이용한 것이 아니냐는 의혹이 제기됐다. 적을 겨냥하는 게구리 선수의 에임aim이 너무 정확하고, 계정 기록에 80%라는 말도 안 되는 승률을 가지고 있었기에 불거진 의혹이었다. 상대 팀 선수들로부터 시작된 의혹은 금세 팬들과 일반 게이머에게 퍼져 나갔다.

논란을 더욱 가중시킨 것은 게구리 선수가 여자 고등학생이라는 것이 밝혀지면서부터이다. 인터넷 커뮤니티에서는 현실적으로 여자 고등학생의 실력이 그렇게 뛰어날 수 없다는 댓글이 속출했다. 불법 핵 의혹은 결국 게구리 선수가 가면을 쓰고 나와 직접 게임하는 모습을 영상으로 보여주면서 일단락되었다. 사건이 일어나고 1년 뒤 게구리 선수는 APEX 리그에서 데뷔하며 〈오버워치〉 최초이자 유일한 여성 프로 선수가 됐다. 그리고 2019년에는 『타임』지 선정 '차세대 리더 10인'에 들기도 했다.

e스포츠는 권투에 가까울까, 바둑에 가까울까

"여자가 남자보다 게임을 못한다."라는 주장은 인터넷 커뮤니티에서 흔하게 발견할 수 있다. "내 주변에서 게임 잘하는 여자를 본 적 없다."거나, "프로 게이머 중에 여자 선수가 없는 데에는 이유가 있다."와 같은 근거가 붙는다. 정말 그런가? 상위 레벨 프로 게이머 선수들 중에 여자 선수가 적다면 그 진짜 이유는 무엇인가?

여자가 남자보다 게임을 잘할 수 없다고 주장하는 논리는 주로 두 가지로 나뉜다. 첫째, 선천적으로 여자들이 남자들에 비해 신체적으로 불리한 조건을 가지고 있기 때문에 게임 실력 역시 부족할 수밖에 없다는 주장이다. FPS First-person shooting(1인칭 슈팅) 게임의 예를 들면, 여성들이 남성들에 비해 동체 시력이나 반응 속도가 빠르지 않아서 게임을 잘할 수 없다는 것이다. 여성 게이머들이 게임을 못하는 것은 선천적인 신체적 차이에 기인하는 것이기 때문에 아무리 노력해도 게임 능력에는 한계가 분명하다는 논리로 이어진다. 축구나 농구, 권투나 레슬링의 남녀 수준 차이에 비유되기도 한다.

스포츠에도 근육량이나 기본 체력의 차이가 큰 영향을 미치지 않는 종목들이 있다. 승마는 올림픽에서 남녀 구분 없이 경쟁하는 유일한 종목이다. 힘세고 빠른 사람보다는 말과의 교감을 잘하는 선수가 유리하다. 그러다 보니 나이도 그리 중요하지 않다. 2021년에 열린 도쿄 올림픽 마장마술 부문에 출전한 호주의 메리 해나는 67세의 여성이었다. 사격도 한동안 성별 구분 없이 대회를 치른 역사가 있다. 1968년 멕시코시티 올림픽부터 사격 8개 종목에서 남녀가 섞여 경쟁했는데, 사냥과 군대의 전통과 관습 때문에 선수 대부분이 남성이었던 것은 당연했다. 하지만 1992년 바르셀로나 올림픽 스키트 종목에서 중국 여성 장산 선수가 남자 선수들을 꺾고 우승했다. 이 때문인지는 모르지만, 이후부터 사격에서 혼성 경기는 폐지되었다.

e스포츠는 권투에 가까울까, 승마나 사격에 가까울까? 지략과 전략 그리고 집중력이 필수적이라는 점에서 e스포

츠는 종종 바둑과 비교되기도 한다. 전설적인 여성 바둑 기사이자 한국기원 소속으로도 활동했던 루이 나이웨이는 2000년 우리나라의 대표적 기사인 유창혁, 이창호, 조훈현을 연달아 꺾고 국수전 우승을 차지하여 바둑계에 충격을 준 적이 있다. 정치적 이유로 공백기를 가지기 전인 1992년에는 가장 권위 있는 세계 대회인 잉씨배에서 4강에 오른 적도 있다. 지금 세계 여자 바둑 랭킹 1위인 최정 9단은 남녀 통틀어 국내 랭킹 14위, 세계 랭킹 58위를 기록하고 있다(2023년 1월 기준). 루이 나이웨이, 최정 등의 빼어난 기사들을 보자면 바둑에서 여성이 충분히 남성들과 겨뤄볼 수 있음을 알 수 있지만, 동시에 아직 '동등한 수준'이라고 말하기엔 면구스러운 상태이다. e스포츠에서 '게구리' 한 명으로 남녀 능력의 동등함을 주장할 수 없는 것과 마찬가지다.

여자답게 행동해야 한다는 문화적 압력

신체적 차이를 극복할 수 있는 충분한 개연성에도 불구하고 여전히 여성 e스포츠 선수를 찾기 어려운 이유는 무엇일까? 이 나머지 차이를 설명하는 두 번째 논리는 문화적 압력의 힘이다. 여자 게이머들은 '관습적으로' 게임에 열정과 시간 자원을 투자하지 않는 경향이 있기 때문에 게임을 잘하는 여성이 눈에 띄지 않는다는 논리이다. 게임이 원래 남성의 영역이라는 고정 관념이 여성들로 하여금 선뜻 게임에 뛰어들지 못하게 한다는 것이다. 남녀 게이머 간 실력 격차가 존재하더라도 그것은 사회·문화적 차이 때문이며 극복 불가능한 것은 아니라는 주장으로 이어질 수 있지만, 동시에 관습이 여성 참여를 가로막고 낮은 참여가 질적 수준을 떨어트린다는 악순환의 덫에 갇힐 가능성도 있다. 문화적 장벽만으로도 성차의 영속화는 가능하기 때문이다.

정치 철학자 아이리스 영Iris Marion Young은 여성들이 '여자답게' 행동해야 한다는 틀 안에 갇혀 자신감 있는 태도와 운동 능력을 갖추지 못한다고 주장한다. 물리적 공간이 아닌 게임의 가상적이고 그래픽적인 환경에서도 여성 게이머에게 사회적 편견의 힘은 작동된다. 실제로 필자가 직접 여성 〈오버워치〉 게이머들을 인터뷰했을 때, 많은 이들이 스스로의 실력을 평가절하하는 모습을 발견할 수 있었다. '쉬운' 캐릭터만 선정하는 등 공격적 태도가 별로 없었고, 결과에 대한 목표치도 남성에 비해 훨씬 낮았다. 게임 플레이를 반복하면서 실력은 늘었지만, 자기가 남(자)들보다 게임을 잘하지 못할 것이라는 태도는 쉽게 바뀌지 않았다.

이러한 태도에는 〈오버워치〉가 FPS 장르라는 것도 어느 정도 영향을 미쳤다. 아기자기한 디자인과 귀여운 캐릭터가 돋보이는 게임은 여성적인 게임으로 여겨지지만, 반대로 1인칭 시점으로 총기류 무기를 사용해 적을 정밀하게 쏘아 맞히는 게임인 FPS 게임은 특히나 남성적인 장르로 여겨진다. 인터뷰한 여성 게이머들은 FPS 게임에 대한 이러한 인식 때문에 게임을 하기 전부터 부담감이 컸다는 이야기를 공통적으로 했다. FPS 장르의 게임이 왠지 나와는 잘 맞지 않을 것이라는 선입견이 있었다는 것이다.

여성 게이머들이 게임을 하면서 마주하게 되는 성차별이나 욕설도 그들의 게임 의욕을 꺾는 데 한몫했다. 게임을 잘하게 되면 음성 채팅에 참여해도 성차별적 발언을 듣지 않게 될 거라는 기대 아래 실력 점수를 많이 올렸음에도 불구하고, 여성이라는 이유로 실력을 평가절하당한다는 느낌을 떨칠 수 없었다고 고백한 이들도 있었다. 이 중 한 여성 게이머는 아무리 노력을 해도 소용이 없다는 느낌이 들어 〈오버워치〉를 포기했다고 말했다.

여성이 끼어들기 어려운 e스포츠 시스템

여성 게이머가 세상과 스스로의 편견에 맞서 싸워 실력을 키우더라도 넘어야 할 산은 이것만이 아니다. 여성 게이머가 프로 레벨의 실력을 갖추더라도 현실적으로 프로 리그나 팀에 참여하기는 힘들다는 것이다. 대부분의 프로 게이머 팀은 생활의 많은 시간을 연습과 스크림scrimmage 경기에 할애하며, 이러한 일정을 효율적으로 진행하기 위해서는 단체 생활과 합숙을 필수적으로 여긴다. 팀의 선수와 감독, 스태프 대부분이 남성으로 구성되어 있을 때, 그러한 환경에 참여한다는 것이 여성 선수에게는 부담으로 작용할 수 있을 뿐만 아니라 팀 입장에서도 상당히 곤혹스러운 일이 될 수밖에 없는 것이다. 과거에는 재능 있는 어린 바둑 꿈나무들이 아예 스승의 집으로 입주해서 함께 살면서 바둑을 배우는 경우가 흔했다. 당시 어린 여자아이를 기꺼이 남의 집에 보내는 부모는 거의 없었을 테고, 이는 뛰어난 여성 기사가 배출되지 못한 이유 중 하나로 꼽히기도 한다. 비슷한 일이 지금 e스포츠 현장에서 벌어지고 있다.

여성 프로 게이머가 적은 것을 신체적 능력 차이로만 돌리는 것은 정확한 분석이 아니다. 여성 게이머들에 대한 편견과 차별, 나아가 이미 구조적으로 남성 위주로 기울어 있는 e스포츠 문화가 절반 이상의 원인이 된다. 디지털 기술이 발전하면서 20여 년 전의 많은 SF 소설과 영화들이 타고난 몸, 장애, 성별, 계급을 초월할 수 있는 유토피아 공간을 구현할 수 있을 것이라 상상했지만 지금의 현실은 유토피아에 별로 가까이 다가가지 못했다. 게임과 e스포츠의 현실에도 차별적인 구조는 여전히 강력하고, 이 구조에 균열이 날 조짐은 보이지 않는다. 대신 남성의 게임 아이큐가 더 높다든지 공간 감각이 더 뛰어난다든지 체력의 우위를 무시할 수 없다든지 하는 남성 e스포츠 선수의 신화는 반복, 강화되고 있다.

04 '혜지'에 대한 두 가지 편견

놀이가 된 혐오의 표현

2019년 〈리그 오브 레전드〉의 한국 리그 유튜브 채널(LCK; Leauge of Legends Champions Korea)의 한 영상에 게임 커뮤니티 밈인 '혜지'가 언급되어 논란이 일었다. 여성스럽고 평범한 느낌을 주는 이름인 혜지는 〈롤〉의 스테레오 타입적인 여성 게이머에 대한 멸칭으로 사용되곤 한다. 해당 영상에는 혜지 밈이 여성 혐오적이라는 지적에서부터, 혜지가 실제로 존재하는 부류의 유저들을 지칭하는 것일 뿐이기 때문에 문제없다는 의견, 그리고 공식 게임 채널에서 커뮤니티 유행어를 무분별하게 사용하는 것에 대한 비판 등 다양한 반응이 뒤따랐다.

게임 커뮤니티에서 주로 상상되는 혜지의 모습은 이렇다. 혜지는 스스로 재미있어서 게임을 하는 것이 아니라 남

〈오버워치〉의 메르시

자 친구의 보조를 맞춰주기 위해 게임을 한다. 그래서 혜지는 오로지 남자 친구에게 도움이 되는 서포터 챔피언밖에 플레이하지 못하며, 그마저도 잘하지 못해 팀원들에게 민폐를 끼친다. 혜지는 게임 자체에는 큰 관심이 없고 게임을 하는 다른 사람들한테 주목받기만을 바란다. 그래서 혜지는 성능이 좋은 챔피언보다는 귀엽고 예쁜 외양을 가진 여성 챔피언을 주로 선택하여 플레이한다. 요즘에는 서포터 역할을 하는 플레이어라면 성별을 막론하고 혜지로 불리기도 한다.

그러다 보니 상황에 따라서는 남성 플레이어들이 혜지로 불리는 경우가 생기기도 하고, 여성 플레이어들이 서로를 혜지라 부르는 일도 생긴다. 중요한 것은 실제 플레이어의 성별이 아니라 별 의심이나 고민 없이 '여성적'이라고 전제하는 특정 챔피언, 특정 플레이 스타일, 특정 행위들이 있고, 이 존재나 행위들은 대개 무능력, 불공정, 얄미움 등의 숨겨진 의미와 만난다는 점이다. 여성의 성기에 빗대 '보' 자를 가져다 붙이는 경우도 흔히 생긴다. 실력이 떨어지는 서포터를 '보포터'로 부르는 게이머들도 적지 않았고, 〈오버워치〉의 '메르시' 플레이어들을 '보르시', 〈로스트아크Lost Ark〉의 '바드' 플레이어들을 '보드'라는 멸칭으로 부르는 이들도 생겨났다. 소위 '헤지챔'들과 '메르시', '바드'는 모두 예쁜 외양을 가진 여성형 캐릭터이자 게임 내에서 다른 캐릭터들을 치료하고 보조하는 역할을 한다는 공통점을 가진다.

암묵적으로 합의된 게임 속 성 역할

전통적으로 공격적, 능동적, 이상적 가치가 남성성의 영역에 속한 것으로 여겨져 온 반면 방어적, 수동적, 감정적 가치는 여성적인 것으로 인식되었다. 이러한 사회적인 인식 때문인지 경쟁적이고 전투적인 FPS, AOS(MOBA), RPG 장르의 게임에서는 팀 안에서 공격적이고 주도적인 역할을 하는 딜러 클래스나 톱 포지션에 비해 서포터 역할은 수동적이고 여성적인 것으로 여겨져 왔다. 즉, 여성 게이머들은 "여자는 서포터를 해야 한다." 혹은 "여자이기 때문에 서포터가 아닌 다른 역할은 제대로 할 수 없다."는 압력을 받는다. 그러나 여성 게이머가 이 같은 편견에 못 이겨 서포터 역할을 플레이하더라도 부정적인 평가에서 자유롭지 못하다. 여성 유저가 서포터 역할을 플레이하고 더구나 실력이 출중하지 못하다면, 그는 게임에 대한 기여도도 없으면서 여성성을 내세워 개인적 이익을 취하려는 뻔뻔한 사람으로 여겨지기 때문이다.

이러한 편견에 맞서 “여성 게이머라고 해서 전부 서포터 유저만 하는 것은 아니다.”라고 주장하거나 “여성 게이머 중에도 딜러를 잘하는 사람이 있다.”고 반박하는 것은 당연히 일리가 있다. 실제로 서포터 역할이 아닌 다른 공격적인 역할을 하는 여성 중에도 실력이 좋아 순위권에 드는 게이머들이 존재하기 때문이다. 하지만 이러한 논리가 효과적인 반박 전략이 될 수도 없다. 여성도 딜러를 잘할 수 있다는 주장 자체가 이미 힐러 기능을 폄하하는 뉘앙스이고, 이는 곧 (주로 힐러를 담당하는) 여성 게이머의 열등함을 반영하기 때문이다. 이중 폄하가 진행되는 셈이다. 여성은 중요한 역할을 수행할 수 없다는 편견이 작동하는 동시에, 많은 여성이 수행하는 역할은 중요하지 않다는 편견도 작동하는 것이다. 딜러 역할을 좋아하고 잘하는 여성들이 존재하는 것처럼 서포터 역할을 좋아하고 잘하는 여성들이 분명 존재한다. 이들을 딜러 유저들에 비해 뒤떨어지는 게이머로 볼 이유는 없다.

게임 속 서포터의 가사 노동과 돌봄 노동

정치 철학자 낸시 프레이저Nancy Fraser는 출산과 육아, 친구나 가족 등 주변 사람을 돌보는 일, 공동체를 유지하기 위해 청소를 하고 요리를 하는 '돌봄 노동'이 자본주의 사회를 유지하는 데 필수적인 것임에도 불구하고 비경제적이며 하찮은 것으로 여겨지며 동시에 여성들이 해야 할 일로 간주되어 왔다는 것을 비판한 바 있다. 그러나 그의 요지는 여성들이 이러한 하찮은 일들을 하는 것을 그만두어야 한다는 것이 아니다. 사회가 돌봄 노동의 가치를 인정하지 않고 제대로 된 보상을 제공하지 않기 때문에, 여성들이 돌봄에 대한 요구를 거부하고 사회에서 말하는 '남성적인 가치'를 추구하게 되는 '돌봄의 위기' 상황을 경고하는 것이다. 많은 여성들이 아이를 낳고 기르는 것보다 직업을 가지고 임금을 관리하는 생산성을 추구하는 이상향을 모델로 추구하게 되는 현상이 나타나는 것이다.

프레이저는 돌봄의 위기 현상 속에서 여전히 돌봄에 종사하는 전업주부들과 가사 노동자들을 후진적인 잔재이자 여성 해방의 길에 걸림돌로 여기게 되는 것을 경계하기도 한다. 돌봄 노동이 천시되는 상황은 결국 사회의 붕괴로 이어지기 때문이다. 사실 프레이저가 예언한 '돌봄의 위기'는 오늘날의 한국 사회가 보여주고 있다. 2023년 3분기 대한민국의 합계 출생률(여성 1명이 가임기에 낳을 것으로 기대되는 평균 출생아 수)은 0.79로 경제협력개발기구 회원국 가운데에서도 가장 낮은 수치를 보인다. 이 같은 낮은 출생률에는 여러 가지 복합적인 이유가 있겠지만, '노키즈존'이 유행하고 가사 노동자들을 제대로 인정하지 않는 한국 사회의 분위기가 큰 몫을 했으리라 추측하는 것이 무리는 아닐 것이다. 게임에서 서포터 역할군이 게임의 승리에 무임승차하는 '버스충'처럼 여겨지는 것과 유사하게, 한국 사회에서 전업주부들은 남성 '가장'이 힘들게 벌어 오는 돈으로 먹고사는, 사회에 기여하는 바가 없는 무임승차자처럼 비춰지곤 한다.

게임에서의 서포터 역할을 돌봄 노동자들과 완벽하게 등치시킬 수는 없겠지만, 이 둘 사이에는 유사한 측면이 많다. 돌봄을 통해 노동자들이 생활을 유지하고 기력을 되찾아 다시 일터로 나가듯이, 게임에서 서포터들도 딜러와 탱커들이 다시 '한타(양 팀이 짧은 시간 동안 겨루는 대규모 교전)'에 뛰어들 수 있도록 그들의 체력을 유지하고 회복시키는 역할을 한다. 그러한 점에서 팀 경쟁 게임에서도 서포터의 역할 또한 자본주의 사회에서 돌봄 노동이 필수적인 만큼 매우 중요하다. 서포터를 제외한 다른 모든 역할이 상대 팀의 체력을 깎는 데 주력하기 때문에 역설적으로 팀원을 보호하고 유지하는 역할이 게임의 긴장감을 유지하고 다양한 변수를 만들어낼 수 있다.

게임에서 서포터가 사라진다면

만일 이 같은 게임에서 서포터 역할이 없어진다면 어떻게 될까? 모든 플레이어가 서포터 역할을 거부한다면 어떻게 될까? 플레이어가 상대방의 공격을 받고 쓰러지는 시간이 더 빨라질 것이고, 그에 따라 캐릭터가 리스폰 되어 다시 전장과 던전으로 달려가는 시간이 더 늘어나게 될 것이다. 모든 플레이어가 스스로 체력을 회복할 수 있는 붕대나 물약과 같은 아이템을 찾거나, 만들거나, 구입하는 데 더 많은 시간과 노력을 들이게 될 것이다. 전투는 짧아지고, 전투를 위한 준비 시간은 더욱 길어질 것이다. 공평하게 모두가 조금씩 체력 회복 스킬을 가지게 되거나 혹은 아무도 체력 회복 스킬을 가지지 않게 될 수도 있다.

실제로 서포터 직업군을 없애려는 시도가 있기도 했다. 〈블레이드 앤 소울Blade & Soul〉은 "힐러 없는 던전은 불가능할까?"라는 기존 MMORPG 시스템에 대한 의문에서 시작되었다고 한다(하지만 2021년 가을 모바일 버전 〈블레이드 앤 소울 2〉에는 서포터 클래스 무기인 법종이 추가되었다).

아줌마는 집에 가서 밥이나 하라고 하듯, 여성 게이머들(혹은 엉겁결에 여성으로 간주된 남성 서포터 플레이어들)에게 힐러나 하라고 강요하는 것은 결국 게임 세상 속 '서포터의 위기'를 만들어낼 것이다. 서포터 역할이 없다면 죽기 직전 힐러로부터 보호막이나 체력 회복 스킬을 받아 간발의 차이로 기사회생할 수도 없고, 탱커들이 다른 팀원들의 빵빵한 지원을 받으면서 상대 팀의 진영을 밀고 나갈 수 없다. '혜지'는 여성 게이머에 대한 부당한 일반화를 보여주는 호칭이기도 하지만 서포터 역할에 대한 무시와 폄훼를 반영하는 용어이기도 하다. 다시 말해, '여성 힐러'는 '딜러를 맡아서는 안 되는 열등한 여성'과 '딜러에 비해 무가치하고 무용한 힐러라는 역할'이라는 두 가지 편견을 동시에 반영하고 전파하는 단어가 된다. 이 와중에 서포터 역할의 남성 게이머도 '여성과 진배없는' 하찮은 존재가 돼버리곤 한다. 남성 전업주부가 '한심한 남자'로 인식되는 현실의 거울상이다.

05 트롤링의 대가, 갓건배

게임 커뮤니티 내 성차별 논쟁의 시작

2016년 '페미니즘 리부트'의 물결이 게임 커뮤니티까지 번졌다. 이전까지 남성적인 취미로 여겨졌던 게임에 대해 여성 게이머들이 존재감을 드러내고 발언하기 시작했다. 그러한 흐름의 일환으로, 여성 게이머들은 게임 음성 채팅에서 성희롱을 당하거나 뜬금없이 욕설을 들었던 경험을 공개했다. 음성 채팅의 내용을 영상으로 기록하거나 채팅 기록을 게임 커뮤니티에 올리는 등 성차별을 고발하고 이런 행동들이 용인되는 게임 문화를 바꿔가자는 움직임이 일었다.

게임 커뮤니티 내 반응은 다양했다. 자신이 여성이 아니기 때문에 이 같은 일을 경험하거나 목격한 적 없어서 몰랐다며 자성하는 사람들도 있었고, 여성 게이머들의 문제의식에 공감하는 남성 게이머들도 나타났다. 그러나 많은 커뮤니티 유저들이 보였던 반응 중 하나는 바로 피해자와 가해자 "둘 다 잘못했다."는 양비론이었다. 서로를 장난스럽게 모욕하는 것은 게임 문화에서 일반적인 일이며 이를 공론화하는 것은 피해자가 게임 문화에 적응하지 못해 예민하게 구는 것이라는 주장이다. 이 같은 트롤링trolling은 남녀를 가리지 않고 벌어지며, 따라서 게임 중 일어나는 모든 트러블을 성차별 시각으로 보는 것이 오류라는 주장도 많았다.

성희롱 양비론이 소환한 갓건배

이러한 배경 속에 등장한 유튜버 갓건배는 그동안 여성 게이머들이 경험한 맥락 없는 욕설과 성희롱을 남성 게이머들에게 그대로 돌려주는 '미러링'을 하겠다고 선포했다. 그녀는 게임을 플레이하면서 만나게 된 남자 게이머들에게 다짜고짜 성희롱과 욕을 하기 시작했고, 이러한 영상 클립들은 인기와 논란을 동시에 불러왔다. 이런 행동에 여러 비판과 옹호가 제기되는 동시에 갓건배를 향한 '신상 털이'와 '사이버 불링'이 이루어졌다. 2017년에는 남성 BJ 몇몇이 갓건배를 살해하겠다며 갓건배의 집을 찾아가는 과정을 인터넷 방송에서 생중계해 문제가 되기도 했다.

갓건배의 행동이 정당화되긴 어렵다. 그가 싸움을 건 남성 게이머 중에는 아무런 성희롱도 잘못도 하지 않은 평범한 게이머들이 많았으며, 갓건배 역시 미러링이라고 하기 어려운 성차별적 언어를 많이 사용했기 때문이다. 하지만 간단한 사고 실험을 하자면, 양비론 대신 반성이 주류를 이루었어도 갓건배가 등장했을까? 갓건배가 등장하고 일부로부터 환호를 받은 이유는 간단하다. 여성 유저들이 갓건배에게 피해를 입은 사람들과 비슷한 피해를 호소했을 때 기존 게임 커뮤니티가 보여준 무심한 양비론 때문이다. 성찰이 먼저였다면 갓건배가 공감과 인기를 얻지 못했을 것이다.

실제로 필자가 직접 실시했던 게이머 조사 결과에 따르면, 남성 게이머 중 23.4%가 게임 플레이 시 성차별이나 성희롱은 "없다"고 답했다. 여성 중에서는 7.2%였다. "매우 많다"고 답한 비율은 남성 11.0%, 여성 26.9%였다. 더 흥미로운 결과는 이런 일이 벌어지는 이유에 대한 인식이었다. 남성의 경우 가장 많은 응답이 "(피해자의) 게임 기량 부족"(25.6%)과 "이유 없음"(23.1%)이었다. 여성의 경우 "사회 분위기상 빈번한 행태라서"(29.2%)와 "다른 성별

(여성)이라는 이유로"(20.6%)였다. 남성 게이머 중 상당수는 자신이 경험한 성차별 및 성희롱을 사회적 문제로 심각하게 생각하기보다는 게임 안에서 이해하고 넘어갈 수 있는 정도로 인지하는 경향이 있음을 알 수 있다.

결속력을 다지는 행동 강령, 트롤링

게임 연구자 메건 콘디스Megan Condis 교수는 게임 커뮤니티에서 이루어지는 '트롤링'이 게임 문화의 결속력을 다지는 행동 강령이자 젠더화된 행위라고 이야기한다. 트롤링은 다른 사용자로 하여금 특정한 감정적인 반응을 유발하거나 논리적인 토론을 방해하고자 온라인 커뮤니티, 포럼, 채팅, 블로그 등에서 사용하는 선동적이거나 주제에서 벗어난 메시지로 정의된다. 전형적인 트롤링은 장난과 모욕의 경계를 넘나드는 복잡한 수사법을 구사한다. 즉, 트롤링의 타깃이 되는 피해자는 모욕적으로 느낄 만한 발언이지만 동시에 가해자와 방관자 그리고 동조자들은 '장난'이나 '실수'였다고 변명하며 빠져나갈 수 있어야 한다.

트롤링에는 '게이 새끼', '쌍년', '(장)애자'와 같은 소수자 차별적 언어들이 자주 사용되지만, 콘디스에 의하면 단지 이러한 표현들 때문에 트롤링이 젠더화된 행위인 것은 아니다. 콘디스는 피해자, 방관자, 가해자를 나누는 트롤링의 구도가 다분히 젠더화된 방식으로 작동한다고 지적한다. 즉, 누군가 사람들의 분노를 일으키기 위해 의도적으로 문제적인 발언을 했을 때 그 미끼를 물지 않는 사람들은 냉철하고 합리적이며, 커뮤니티의 문법에 숙달한 모습을 보임으로써 남성다움을 수행하는 것으로 여겨진다. 반대로 미끼를 무는 사람들은 웃어넘길 만한 일에 지나치게 진지하게 대응함으로써 어리숙하고 감정적인 사람으로 여겨진다. 이렇게 감정적인 반응을 보이는 피해자는 여성화되어 경멸당할 만한 대상이 되는 것이다.

여기서 중요한 점은 인터넷 공간에서 트롤링을 하는 가해자와 피해자가 반드시 남성과 여성일 필요는 없다는 사실이다. 누군가의 트롤링으로 인터넷 공간에서 싸움이 일어나는 대부분의 상황에서 화면 뒤 사람의 신체적인 성별이 무엇인지 확인하기 어려운 경우가 더 많기 때문이다. 어떤 여성이 트롤링을 통해 성공적으로 사람들의 반응을 이끌어낸 뒤 냉담하게 반응한다면 게임 커뮤니티에서 좋은 평가와 높은 지위를 획득할 수 있다. 반면 트롤링의 피해자가 된 남성이 감정적으로 발끈하는 반응을 보이면 그는 "계집애처럼 굴었다."는 이유로 조롱의 대상이 된다.

갓건배는 트롤링의 언어에 매우 능숙한 사람이었다. 그는 이유 없이 남성 팀원들에게 성희롱과 욕설을 던진 후 반격의 욕설을 듣더라도 깔깔 웃으며 장난스러운 태도를 유지한다. 피해자 남성들이 진심으로 화를 내기 시작하면 바로 "장난인데 왜 이렇게 예민하게 구느냐?"고 발을 빼는 모습을 보이기도 한다. 또 한 가지 흥미로운 점은 갓건배가 한 명을 지목해 지속적으로 괴롭히는 언행을 할 때, 괴롭힘의 대상이 된 팀원에게 다른 주변 팀원들이 간혹 "그냥 대꾸하지 말고 무시하라."거나 "그냥 차단하라."고 말하기도 한다는 것이다. 이는 콘디스가 지적했던 것처럼, 트롤링에 감정적으로 대꾸하는 것보다는 냉정하게 무시하고 넘기는 것이 게임 커뮤니티에서 남자다운 미덕으로 여겨지기 때문이다.

갓건배의 선 넘은 미러링과 또 다른 혐오

갓건배는 "남자는 조신해야 한다."거나 "어디서 남자가 시끄럽게"와 같은 여성 혐오에 대한 미러링 발언을 넘어, 다른 남성 유저들을 '게이'나 '트젠'이라 지칭하며 그와 관련된 혐오적인 표현들을 자주 사용한다는 점에서도 전형적인 트롤러의 모습을 보여준다. 이런 발언들은 게임 커뮤니티의 약자인 성 소수자들을 겨냥한 혐오적 표현이라는 점에서 비판으로부터 자유로울 수 없다. 갓건배가 '여성 혐오에 대한 혐오'라는 취지를 내세우며 여성 차별적인 어휘들을 남성을 대상으로 뒤집어 사용했음에도 불구하고, 여전히 소수자 차별적인 발언과 장난스러움을 내세워 가해자의 행동을 정당화하는 트롤링의 문법에 기대고 있는 것이다.

갓건배는 목소리를 통해 스스로 여성임을 드러냈다. 목소리 또한 통상적으로 '여성스럽다'고 평가된다. 이것이 그가 살해 협박까지 받는 이유 중 하나가 되었을 것이다. 게임 커뮤니티의 배제 문법에 숙달된 트롤러로서 놀라운 재능을 보이긴 했으나, 비슷한 유형의 남성 게이머(나 유튜버)가 커뮤니티의 분노를 사 살해 협박까지 받는 일은 흔하지 않기 때문이다. 누군가의 피해는 피해로 인정되고 사람들의 공분을 불러일으키지만, 어떤 사람들의 피해는 피해가 아닌 것으로 여겨지는 것일까?

갓건배의 살해 협박 사건이 일어난 지도 꽤 시일이 흘렀다. 갓건배는 방송 활동을 그만두었고 그의 유튜브 채널 역시 남아 있지 않다. 당시와 비교해 게임 커뮤니티에서의 혐오 발언과 트롤링은 줄어들었을까? 관련한 성찰과 반성은 얼마나 있었을까? 갓건배는 어느 날 진공에서 튀어나온 예외적 사례가 아니라 게임 커뮤니티가 길러낸 괴물일 가능성이 높다. 문제의식을 느끼지 못한다면 제2의 갓건배는 언제든 다시 나타날 수 있다.

06 모바일 게임을 하는 여성들

뉴 미디어의 남성성

미디어 콘텐츠의 소비는 해당 매체의 본질적 성격과 그것이 배치된 방식에 영향을 받는다. 1920년에 라디오가 처음 등장했던 시기를 예로 들어보자. 초기 라디오는 사용자가 부품을 모아 직접 조립하는 형태로, 수신 상태가 좋지 않아 깨끗하게 라디오 소리를 듣는 것은 드문 일이었다. 조립식 라디오는 스피커가 없어 헤드폰을 통해 들을 수밖에 없었고, 긴 장대 같은 안테나가 부식되어 산성 물질이 떨어지는 배터리를 가지고 있는 경우가 많았다.

조립식 라디오가 가지는 이런 특징들은 젠더에 따라 라디오를 상이한 의미로 받아들이게 만들었다. 라디오 배터리에서 자꾸 산성 물질이 흘러나왔기 때문에 라디오는 가전 기구나 가구가 아닌 고철 덩어리 취급을 받아 주로 창고 같은 곳에 처박혀 있게 되었다. 제대로 된 사람 목소리가 아니라 파도 소리 같은 잡음이 주로 들렸기 때문에 내용을 전달하는 매체 기능도 제대로 수행하지 못했다. 아버지, 형제, 삼촌들이 갖고 노는 신기한 기계 장난감에 가까웠다. 헤드폰은 한 명만 쓸 수 있기 때문에 가정 내 권력자인 '아버지'가 독점하곤 했고, 그동안 나머지 가족들은 조용히 있어야 했다. 1970년대 우리나라 텔레비전의 초기 역사에서 (채널이라 해봐야 두세 개밖에 없었지만) 어떤 방송을 볼지 정하는 '채널권'이 아버지에게 있었던 것과 유사하다. 영국의 미디어 연구자 숀 무어스Shaun Moores 교수가 지적했듯, 당시 라디오는 남성들에게는 최신 장난감이었지만, 여성들에게는 '꼴사나운 고철 상자이자 강요된 침묵'으로 받아들여졌다.

남성적 매체로 등장한 PC

라디오는 텔레비전으로 진화했고, 텔레비전이 보편적인 가전 기기가 된 이후 곧 PC라는 새로운 물건이 집 안에 침투했다. 리모컨만 있으면 조종이 가능한 텔레비전이 아니라 키보드와 모니터와 컴퓨터 본체를 연결하고 디스크를 넣어 부팅을 하고 명령어를 직접 쳐 넣어야 작동을 하는

'고도의 기술력'을 요하는 물건이었다. 기술은 남성의 몫이었다. 20세기 초반의 라디오나 1970년대 텔레비전과 달랐던 점은 세대적 차별도 이루어졌다는 사실이다. '아버지'가 아닌 '오빠(형)'가 PC의 작동권을 독점하기 시작했다. 손위 누나가 있어도 많은 경우 남동생이 주도권을 가졌다. 1990년대 대도시의 가정을 기억하는 사람이라면 쉽게 떠올릴 수 있는 그림이다. 집 안에 PC는 딱 한 대 있었고, 그 위치는 거실이 아니라 남자 형제의 방이었다. 거기서 오빠는 혹은 남동생은 '게임'을 했다.

시간이 많이 흘렀지만 PC 게임은 여전히 남성의 이용률이 높다. 『2022 대한민국 게임백서』에 의하면 우리나라 남성 중 49.7%가 PC 게임을 한다고 답한 반면, 여성 중에는 30.6%만이 PC 게임을 한다고 답했다. 10대로 한정해서 보면 남성이 60.2%, 여성이 33.0%로 그 차이가 더 벌어졌다. 게임 이용자를 대상으로 최근 1년 동안 플레이한 경험이 있는 게임 기기를 (복수 응답으로) 물었을 때도 PC를 꼽은 비율은 남성이 66.0%인 데 비해 여성은 41.7%에 그쳤다. 반면 모바일 게임 비율은 남성 79.9%, 여성 88.6%로 나타났다. 콘솔 게임과 아케이드 게임, 가상 현실 게임은 모두 두드러진 차이가 나타나지 않았다.

남성들은 PC 게임을, 여성들은 모바일 게임을 상대적으로 더 선호하는 것은 분명해 보인다. 보편적인 인식과도 크게 다르지 않다. 남성들이 대형 모니터를 좋아할 특별한 이유라도 있는 것일까? 여성들의 평균 시력이 더 좋을 이유가 없는데, 왜 이들은 굳이 큰 화면과 빵빵한 사운드의 PC 대신 스마트폰으로 게임을 하는 것일까? 당연한 이야기겠으나, 이는 게임 선호도의 차이라기보다는 기기 선호도 차이에 기인한다. 예를 들어 게임이 아니더라도 인터넷 이용 양상의 남녀 차이는 여전히 분명하다. 같은 조사에서 업무나 학업 외의 목적을 위해 인터넷을 이용할 경우 가장 많이 사용하는 기기를 물었을 때, 데스크톱 PC라 답한 비율은 남성의 경우 24.4%, 여성은 11.1%였다. 반면 스마트폰이라 답한 비율은 남성(57.7%)보다 여성(71.0%)이 훨씬 높았다. 그냥 남성들은 여성에 비해 PC를 많이 사용한다. 게임을 하든 인터넷 서핑을 하든.

여성은 태생적으로 '기술'과 소원한가

데스크톱 컴퓨터는 일반적으로 고관여 상품이다. 관여도가 높다는 것은 소비자들이 특정 제품에 대해 더 관심을 가지고 정보를 알아보고 신중하게 구매를 결정한다는 것을 말한다. 예를 들어 태블릿 PC는 주변 기기도 없는 단일 상품이고 가격도 상대적으로 높지 않다. 반면 PC는 이것저것 따져봐야 할 목록이 길다. 모니터나 키보드, 마우스 같은 주변 기기도 선택해야 하지만, 본체만 해도 프로세서 수준은 어떻게 정할지, 그래픽 카드는 무얼 쓸지, SSD 용량은 어느 정도로 할지 고민할 게 많다. 특히 조립식 컴퓨터를 사려면 소비자가 어느 정도 컴퓨터에 대한 지식을 가지고 있어야 한다. 이 지식은 대개 '남성적' 지식이다. 남성들이 더 많이 아는 분야, 더 많이 알아야 당연한 분야 혹은 (여성보다) 잘 모르면 창피한 분야의 지식이다. 오랜 기간에 걸쳐 사회적으로 그렇게 구성되었다. 마치 프로 야구의 통계치들을 아는 것처럼.

동서양을 막론하고 기술적인 것은 흔히 남성성과 관련된 것으로 여겨져 왔으며, 실제로 여성들은 기술적 지식에 대해 스스로 기피하거나 타의에 의해 배제되는 모습을 보이기도 한다. 2020년 한국여성과학기술인지원센터에서 조사한 바에 의하면 2019년 이공계 학과에 진학한 학생 가운데 남학생이 70.8%였다. 여학생 비율은 채 30%도 되지 않았다는 얘기다. 여성들이 이공계에 진학하는 것을 꺼리도록 만드는 모종의 역사적·사회적·심리적·관습적 힘이 있다면, 그 똑같은 힘이 여성으로 하여금 데스크톱 PC를 멀리하도록 만드는 것이라 말해도 엉뚱한 주장은 아닐 것이다. 단, 그 힘이 생래적 차이에서 비롯되었다고 말할 만한 뚜렷한 증거는 없다.

일부 학자들은 '기술(technology)'이 여성이 발명한 것과 여성이 주로 사용하는 것을 배제하는 방식으로 정의되어 왔다고 주장한다. 남성성과 기술 혹은 합리성과의 연결관계는 생래적이라기보다는 이데올로기적이라는 것이다. 자동차와 같은 기계, 컴퓨터나 오디오 같은 전자 장치에 관한 각종 정보나 지식이 (소위 '여성적' 지식이라 불리는 분야에 비해) 더 '수준이 높다.'고 여기는 통상적 믿음은 다분히 역사나 관습에 의해 구성된 것일 수도 있다.

여성적·남성적 게임 장르

게임 기기의 차이뿐 아니라 게임의 장르에서도 비슷한 현상이 발견되곤 한다. 모바일 게임은 간단하고 '캐주얼'한 장르가 다수이다. PC와 큰 화면으로 즐기는, 누가 봐도 무겁고 복잡한 '하드코어' 게임과는 다른 종류다. 여성들이 상대적으로 모바일 게임을 더 즐겨 하고 캐주얼 게임을 더 좋아한다고 해서 여성들은 '진짜' 게임을 잘 모른다고 말할 수 있는가?

게임학자 예스퍼 율Jesper Juul은 하드코어-캐주얼의 이분법이 사람들 인식 속의 전형(stereotype)이라고 지적한 바 있다. 권위 있는 특정인이나 기구가 공식적으로 정의를 내린 것은 아니라는 뜻이다. 이렇듯 구분이 아주 명확한 것은 아니지만, 현실적으로 대부분의 게이머들은 '전형적'인 하드코어 게임이 뭔지, 캐주얼 게임이 뭔지 다들 비슷하게 인식한다. '하드코어'라는 표현이 보편화된 것은 2005년부터 발간된 『Hardcore Gamer Magazine』의 영향이 적지 않다고 한다. 이 잡지에서 다룬 '하드코어 게임'이란 콘솔이나 고사양 PC가 필요한 게임으로, 장르로는 FPS, MMORPG, 격투 게임 등에 한정되어 있다. 일반적으로 게임의 난이도가 높고, 폭력적인 테마를 띠며, 끝을 보기 위해 플레이어가 많은 노력과 시간을 쏟아야 한다. 반면 캐주얼 게임은 초보자들도 쉽게 접근할 수 있고, 대체로 테마가 밝고 감성적이며, 긴 시간의 몰입이 불필요하기 때문에 중단 가능성이 높고, 실패할 때 벌칙이 작은 반면 성공할 때의 피드백은 비교적 강한 종류의 게임을 지칭한다.

율이 제안한 구분은 우리나라 게임 환경에서도 마찬가지이다. 『대한민국 게임백서』는 캐주얼 게임을 "난이도가 쉽고, 비교적 간단하게 플레이할 수 있는 형태의 게임을 통칭하는 용어로 사용됨. (…) 일반적으로 저연령층과 여성들을 중심으로 인기를 끌고 있음."이라고 설명하고 있다. 하드코어-캐주얼 구분은 애초부터 명확하게 고정된 것도 아니지만, 현실에서의 반복적 용어 사용은 어느새 이 구분을 남성적-여성적 구도로 전이시켰다.

남성은 PC나 콘솔을 이용해 하드코어 게임을 즐기고 여성은 모바일 기기를 이용해 캐주얼 게임을 즐긴다고 말하는 것이 지나친 과장이라는 사실에는 모두 동의할 것이다. 70%와 50%의 차이를 "모두가 그렇다."고 잘라 말할 수 없기 때문이다. 동시에 이 발언이 사실의 일부를 반영하는, 즉 현실의 경향성을 담고 있다는 점 또한 모두 동의할 것이다. 여기에 두 가지 명제를 보탤 수 있다. 현상적으로 드러나는 차이가 '본질적이고 생래적'인 차이에 의한 것인지 사회·문화적으로 구성된 차이인지 불확실하다는 점과, 모바일로 즐기는 캐주얼 게임은 게임답지 못하고 하찮은 종류의 오락이라는 비하는 시대착오적이라는 점이다.

하드코어 게이머라는 허상

게임과 미디어를 연구하는 미국 캘리포니아대학의 브랙스

턴 소더만Braxton Soderman 교수는 미국에서 '하드코어 게이머' 집단이 가시화한 것을 1990년대로 본다. 이 집단은 '젊은 백인 남성'으로 이루어져 있었다. 실제로 그렇다는 것이 아니라 그런 '전형'이 만들어진 것이다. 비슷하게 게임학자 아프라 커Aphra Kerr는 '하드코어 게이머'가 산업이 만든 가상적 인물상이라 주장한다. 헌신적이고 지속적 소비를 하는 고객층을 확보하기 위해 게임업계가 만들어낸, 혹은 지칭하기 시작한 (추상적) 집단이라는 것이다.

사실 캐주얼 게이머 역시 게임 산업의 마케팅 전략과 무관치 않다. 많은 모바일 게임사들은 앱스토어에서 "여자아이들에게 친숙한"과 같은 용어를 홍보 문구로 사용하며, '여성 소비자'를 상상하는 전형적인 광고를 만들곤 한다. 이러한 젠더화된 캐주얼 게임 레토릭은 저널리즘이나 마케팅을 넘어서 게임의 내용에 스며들기도 한다. FPS 게임 〈보더랜드 2〉의 캐릭터 '게이지'는 기계에 능숙한 18세 말괄량이 여성인데, 그의 스킬 트리 중 하나인 '영원한 우정 친구(best friends forever)'는 여러 스킬로 뻗어나가고, 그 중 '충분히 가까워(close enough)'라는 스킬을 사용하면 조준이 조금 빗나가도 상대방에게 데미지를 입힐 수 있다. 이 게임의 개발자는 '게이지'의 '영원한 우정 친구' 스킬 트리를 '여자 친구 모드'라 지칭하기도 했다. 게임을 능숙하게 즐기는 남자 친구와 그렇지 못한 실력 없는 여자 친구의 구분이 개발의 토대가 된 것이었다.

진짜와 가짜, 게이머의 구분이 무의미한 이유

이쯤 되면 "많은 여성 게이머들이 상대적으로 모바일 게임을 선호한다."라는 명제는 "모바일 기기로 캐주얼 게임을 즐기는 이들은 대개 게임을 잘 모르는 얼치기 여성 게이머다."라는 명제와 같은 의미가 될 수 없음을 알 수 있다. '하드코어 게이머'를 "고도로 양식화된 그래픽 폭력, 권력과 지배에 대한 남성의 환상, 여성에 대한 과도하게 섹슈얼하고 대상화된 묘사, 만연한 인종적 고정 관념과 차별을 수용하는 사춘기 남성의 감성을 가진 사람"이라고 묘사한 학자가 있었다. 우리나라의 많은 '찐' 게이머들 역시 이런 속성을 보이는 경우가 많다. 하지만 스스로를 '찐' 게이머라 자부하는 대부분이 이 같은 묘사에 쉽게 동의하진 않을 것이다. 아무리 현실의 일부를 설명한다 하더라도, 지나친 단순화와 단정적 문체라는 문제를 무시할 수는 없지 않은가. 더구나 하드코어 게이머가 100% 남성인 것도 아니다. 마찬가지다. 캐주얼 게이머가 "게임에 진심이 아닌" 얼치기 여성 게이머라 묘사하는 것은 정확한 묘사도 아니고 옳은 표현도 아니다.

위에서 언급한 두 가지 쟁점을 다시 반복해 본다. 첫째, 남성이 생래적으로 기계를 좋아하고 기술적 정보 소화 능력이 뛰어나서 PC나 콘솔 게임을 좋아하고 여성은 태어날 때부터 복잡한 기계를 싫어하기 때문에 모바일 게임을 더 선호한다는 해석을 지지할 수 있는 증거는 없다. 둘째, 하드코어 게이머의 다수가 남성이고 캐주얼 게이머의 반 이상이 여성이라는 사실은, 그 이유가 무엇이건 간에, 게임에 관한 지식이나 정보량, 애정이나 효능성의 성별 차이를 보여주는 것은 아니다. 누군가가 철인 3종 경기야말로 진짜 운동이라면서 탁구나 등산을 가짜 운동 취급한다면 굉장히 이상한 사람이란 취급을 받을 것이다. 여성 모바일 게이머가 늘어나는 것은 '게임 인구'가 늘고 게임 문화의 저변이 넓어지는 것이지 '가짜 게이머'가 늘고 게임 문화가 천박해지는 것이 아니다.

07 VR에서 염색체 찾기

아바타만 보고 성별 맞히기

2020년 1월 우리나라 게임 스트리머 '우왁굳'은 「너의 염색체는」이라는 제목의 영상 3개를 자신의 유튜브 채널에 올렸다. 영상의 내용은 다음과 같다. 〈VR챗Chat〉이라는 가상 현실(virtual reality) 공간 안에서 모든 사람들이 미소녀 아바타를 장착한다. 참가자들은 팔다리 움직임까지 센서로 감지해서 VR 공간으로 옮겨주는 '풀 트래커' 기기를 사용하기 때문에 시청자들은 참가자의 전신 움직임을 모두 볼 수 있다. 그리고 진행자 우왁굳과 시청자는 참가자들의 행동과 움직임만을 보고 아바타 뒤에 가려진 그들의 진짜 성별을 가려내야 한다. 이 기획 영상의 제목 「너의 염색체는」에서 '염색체'는 아바타 뒤 실제 인간이 가진 성별의 확고하고 반박의 여지가 없는 생물학적인 증거로서 제시되

• "여기서 실제 여성은 단 두 명입니다." 〈VR챗〉 「너의 염색체는」 캡처
(출처: 우왁굳의 게임 방송; https://www.youtube.com/user/woowakgood)

: 〈VR챗〉 「너의 염색체는」 섬네일 캡처
(출처: 우왁굳의 게임 방송; https://www.youtube.com/user/woowakgood)

∴ 〈VR챗〉 캡처
(출처: Steam 페이지; https://store.steampowered.com/app/438100/VRChat/)

고 있는 것처럼 보인다.

「너의 염색체는」의 유튜브 기획 시리즈는 총 3회로 이루어져 있다. 1회와 2회에서는 각각 15명과 20명의 참가자 중 두 명의 진짜 여성을 찾아내는 것, 3회에서는 반대로 4명의 참가자 중 단 한 명의 남성을 찾아내는 것이 목표로 제시된다. 1회와 2회에서 우왁굳은 참가자들에게 가장 자신 있는 포즈를 지어보거나 춤을 춰볼 것을 요구한다. 마치 그러한 행동이 얼마나 자연스러운지를 통해 그들의 성별을 판별할 수 있는 것처럼. 중요한 것은 참가자들이 물리적인 공간에서 행하는 행동들이 풀 트래킹 VR 기술을 통해 진행자와 시청자들에게 전달된다는 점이다.

VR은 인공적으로 구현된 가상 환경과 상호 작용을 가능하게 해주어 현실감을 부여하는 일련의 기술을 지칭한다. 이때 시각, 청각, 후각, 미각, 촉각을 포함한 다양한 감각을 재연하여 가상의 세계에 몰입감을 부여하는 것이 중요하게 여겨진다. 막대한 비용을 지불하거나 SF적인 상상력이 아닌 이상 접하기 어려웠던 과거에 비해 오늘날의 VR 기술은 상용화되어 비교적 쉽게 찾아볼 수 있는 것이 되었다. 현재 보급된 제품들로는 머리에 장착하는 시청각 출력 기계인 HMDHead Mounted Display와 사용자의 몸 움직임을 입력하는 모션 트래커 제품류가 있다. VR 콘텐츠를 체험할 수 있는 'VR 카페'를 서울의 번화가에서 찾아볼 수 있고, 유니티Unity 같은 소프트웨어만 있다면 개인이 집에서 컴퓨터를 통해 VR 콘텐츠를 제작할 수도 있다. 나아가 〈VR챗〉과 같은 소셜 미디어 플랫폼을 통해 엄청난 기술력이나 자본을 갖지 않은 개인도 VR 세계에서 많은 사람들과 상호 작용하는 것이 가능하다.

새로운 놀이가 된 가상 세계의 젠더 교란

「너의 염색체는」은 몸의 움직임이나 행동만으로 상대의 성별을 추리할 수 있다는 가정을 바탕으로 기획되었지만, 오히려 반대로 '여자다움' 혹은 '남자다움'의 기준이 확실하게 합의되어 있지 않다는 것을 드러내는 효과를 가져왔다. 진행자와 시청자들은 참가자의 성별을 추정하는 과정에서 일관되지 못한 모순된 기준을 적용시키는 모습을 보였다. 참가자가 눈에 띄는 행동을 하며 '너무 나대는' 경우에도 남자로 의심하지만, 지나치게 주뼛거리는 등 행동이 어색한 경우에도 남자로 지목했다. 소녀의 아바타를 뒤집어쓴 참가자가 다리를 쩍 벌리고 앉거나 남자다운 몸짓을 하면 남자로 여겨지지만, 오히려 과장되게 여성스러운 행동을 취하는 경우에도 '여자인 척하는 남자'라는 의심을 받는다.

예를 들어 「너의 염색체는」 1회에서 두 명의 여성 참가자 모두 "지나치게 여성스럽게 행동한다."는 점에서 시청자들에게 남자로 의심받았다. 한 여성 참가자는 지나치게 여성스러운 포즈로 서 있었다는 이유로, 다른 여성 참가자는 몸짓 언어로 스스로가 S라인이라고 주장하다가 "여자는 그렇게 행동하지 않는다."는 죄목으로 남자로 지목당한 것이다. 상대의 성별을 추리하는 과정에서 여성과 남성 사이에 일상적인 행동의 차이가 있을 것이라는 믿음 또한 거짓으로 드러난다. 2회에서는 한 여성 참가자가 국밥을 마시는 시늉을 했다가 남자로 지목되어 탈락했는데, "국밥을 이렇게 먹죠! 그러면 어떻게 먹어요?"라며 억울함을 표출한다. 그에 반해 밥을 먹을 때 머리를 넘기는 행동을 하여 시청자들에 의해 여자로 지목되었던 한 참가자는 남성임이 밝혀진다.

「너의 염색체는」이 아니더라도 젠더 교란은 VR 세계에서 흔하게 볼 수 있는 현상이 되었다. 〈VR챗〉의 유저들이 쓰는 은어 중에 '과몰입'이라는 것이 있다. 〈VR챗〉에서 미소녀 아바타를 사용하는 남성 유저들이 마찬가지로 미소녀 아바타를 사용하는 다른 남성 유저와 유사 연애를 할 때, 이를 "과몰입한다."고 칭한다(가령 "우리 연애할래요?"라는 말 대신 "과몰입할래요?"라고 한다). 미소녀 역할 놀이와 연애 감정에 푹 빠져 너무 몰입하게 되었다는 뜻이다. 또 다른 은어인 '여목'은 '여자 목소리'의 줄임말이다. 〈VR챗〉에서 남성 유저가 여자 목소리를 낼 수 있는 경우 "여목할 줄 안다."고 하며, 그러한 유저를 '여목러'라고 부르기도 한다. 이런 〈VR챗〉 내의 연기는 가상 공간에만 한정되지 않고 현실 공간에까지 영향을 끼치기도 한다. 과몰입하는 〈VR챗〉의 남성 유저들 중 일부가 상대 남성 유저와 오프라인에서도 만나 연애를 이어 나가거나 자신의 성 정체성을 깨닫고 호르몬 요법을 받기 시작했다는 확인되지 않은 이야기들도 관련 인터넷 커뮤니티에서 심심찮게 공유되고 있다.

과장된 여성성과 사회적 편견의 강화

주디스 버틀러Judith Butler는 드래그 퀸drag queen(엔터테인먼트를 목적으로 여성 성별 기호와 성 역할을 모방하고 종종 과장하는 드래그 의상과 화장을 하는 사람)이 기존의 여성성을 답습하는 것에 대하여 규범을 반복하는 드래그 행위가 이성애 규범성(heteronormativity)에 균열을 낼 가능성을 지닌다고 주장한 바 있다. 여성스러움이 드래그라는 모방 행위를 통해 성취될 수 있다는 것을 보여줌으로써 여성성이라는 것이 타고난 것도 본질적인 것도 아니라는 사실을 드러낸다는 것이다. 물론 버틀러는 드래그라는 행위가 항상 젠더 체계를 비판하는 전복적인 효과를 가지는 것은 아니라는 점을 분명히 한다. 드래그 퀸의 여장 행위가 보여주는 전유와 전복은 아주 많은 경우 모순적인 상황 속에서 희미한 증거로 기능할 뿐이라는 것이다.

VR 기기와의 결합을 통해 가상 공간에 구현된 '버추얼 존재들'은 드래그 퀸과 마찬가지로 양가성을 가진다. 버추얼 유튜버들은 과장된 여성적 외형과 행동을 모방함으로써 여성의 신체를 대상화하는 사회의 지배적인 경향을 반복한다. 그리고 순종적이고 귀여운 소녀의 모습과 여성 사이의 연결 고리를 강화한다. 그러나 「너의 염색체는」의 시청자들은 미소녀 아바타를 쓴 〈VR챗〉의 유저들 중 (이들 대다수가 남자라는 사실에 채팅에서 역겨움을 표출하면서도) 누가 '진짜' 여자인지 판별하지 못한다.

결과적으로 「너의 염색체는」 영상의 댓글에는 "여자답다 남자답다 이런 거 없음."과 "여자나 남자나 똑같지, 뭐가 특별하게 다른 행동을 하겠냐?"고 쓴 댓글이 높은 추천을 받았다. 과장된 여성성을 보이지만 모호하고 기괴한 미소녀 아바타가 여성성에 대한 사회적인 편견을 강화시킨다는 것은 논쟁의 여지가 없다. 하지만 이들의 존재가 여자다움과 남자다움이라는 이성애 규범성을 반박하는 예상치 못한 효과로 이어지기도 한다.

VR 세계 속 '다른' 모습의 차별과 혐오

디지털 테크놀로지가 젠더와 맺는 관계는 단순하지 않다. 「너의 염색체는」의 주된 콘텐츠가 '진짜' 여자를 찾아내는 것이 되었던 이유는 행동을 인식하여 아바타에 반영할 수 있는 '풀 트래킹' 기기를 보유하고 있는 여성 VR 유저가 남성에 비해 소수였기 때문이다. 100만~250만 원 이상에 판매되는 풀 트래킹 기기는 VR 기술에 관심을 가지고 있는 '테크 애호가'가 아닌 이상 구비하기 어렵다. 풀 트래킹 기기 없이 컴퓨터 키보드와 마우스만 가지고도 〈VR챗〉에 참여할 수 있지만, 이 경우 캐릭터는 정자세로 서 있는 상태만 유지하게 된다(VR 커뮤니티에서 '풀 트래킹' 기기를 사용하지 않는 유저들을 '차렷충'이라는 멸칭으로 부르는 이유다). 모바일 게임의 이용자 성별은 비슷하거나 오히려 여성 비율이 높지만 콘솔 게임의 세계에서는 남성 이용자의 비중이 훨씬 크다. 마찬가지로 VR 세계 속 여성 게이머는 아직 소수다. 이 엄연한 현실이 기술 활용 방식의 젠더적 특성에 다시 영향을 미치는 것이다.

VR 세계는 젠더·계급·인종 등 현실의 정체성 관련 차별로부터 자유로운 공간이 아니다. 오히려 차별이나 위계화, 혐오가 그저 '다른 방식'으로 구현될 가능성이 높다. 동시에 현실의 차별이 사실은 얼마나 취약한 것인지 확인하는 공간이 될 수도 있다. VR은 다양한 가능성을 가지고 있고 많은 선택지들을 제공한다. 이 세계 속의 여성 게이머들이 어떤 선택을 할지, 또 이들은 어떻게 인식되고 어떤 대우나 취급을 받을지 계속 지켜봐야 하는 이유다.

SECTION 2. 게임 속 여성

게임에서 여성이 재현되는 방식

영화나 텔레비전 드라마에서 여성을 어떻게 재현하는지, 그 안에 내재된 이데올로기는 어떤 것인지, 시대가 바뀜에 따라 그 양상과 의미는 어떻게 변했는지 등에 대한 연구는 무수하게 이루어졌다. 그런데 게임 속 여성의 모습에 대해서는 학자도 비평가도 상대적으로 관심이 많지 않았던 것 같다. 아마 게임에서는 인간 모습의 캐릭터가 등장하지 않는 경우도 많고, 남녀 구분이 어려운 경우도 많기 때문일 것이다. 혹은 많은 게임에서 게이머가 자신의 아바타를 직접 선택하고 꾸며서 조종하기 때문에 재현의 의미가 크지 않을 것이라 추론한 탓도 있을 것이다. 창작자 · 제작사가 일방적으로 만들어 관객들에게 던져주는 영화 속 여성 캐릭터와 동일선상에서 비교하기 어렵다는 주장에도 동의한다. 하지만 그렇기 때문에 게임 속 재현이 더 강력하다는 해석도 있다. 영화는 관찰자 입장에서 '그/녀'를 바라보지만, 게임에서는 '그/녀'와 내가 한 몸인 경우가 생기기 때문에 감정 이입의 정도가 강해진다. 게임 속 여성의 재현 양상을 연구하거나 그 의미를 고민하는 것은
결코 가볍게 생각할 일이 아니다.

01 친애하는 나의 분신, 게임 캐릭터

재현이란 무엇인가

게임 속 캐릭터는 누군가를 혹은 무엇인가를 재현한다. 재현 대상은 동물이나 괴물, 기계일 때도 있지만, 많은 경우는 인간이다. 텔레비전 법정 드라마에서 배우가 연기하는 캐릭터가 '법조인'을 재현하듯 게임에서는 컴퓨터로 그려진 캐릭터가 누군가를 재현한다. 직업이 사냥꾼일 수도, 카레이서일 수도, 농부일 수도 있다. 그리고 성별이 여성일 수도 있다. 그렇다면 게임은 여성을 어떻게 재현할까.

'재현(representation)'은 "앞으로 가져오다, 전시하다"를 의미하는 라틴어 'repraesentare'에서 유래한다. 전통적인 예술론에서 말하는 모방(mimesis)과는 유사하면서도 차이가 있다. 모방은 재현의 한 방법이긴 하지만 모든 재현이 모방을 통해 이루어지는 것은 아니기 때문이다. 정치 철학이나 법 영역에서의 '재현'은 대의 혹은 대표로 번역된다. 근대 국가의 정치적 주체인 시민은 (투표를 통해 선출된) '대표자'라는 하나의 인격에 동일시된다.

오늘날 미디어 비평에서 말하는 재현은 미학과 정치 철학에서 말하는 재현 양쪽 모두와 관련이 있다. 게임 텍스트도 마찬가지다. 재현은 미적이고 표현적인 방식을 통해 "어떤 것을 텍스트로 나타"내며, 수용자는 대표자(텍스트)에 동일시된다. 게임에서 여성은 이미지, 음향, 게임 내 상호 작용, 캐릭터의 목소리와 말투 등 다양한 표현 방식을 통해 재현된다. 게임에서 재현된 여성은 반드시 실존하는 여성들을 모델로 하여 모방하는 것만은 아니며, 게이머들은 캐릭터를 보고 그를 '여성(캐릭터)'으로 인식하게 된다. 그리고 게임 내의 여성 인물 혹은 캐릭터는 현실 속 여성들을 대표하는 역할을 하게 된다.

여성 재현의 의미와 효과

미디어에서의 여성 재현이 중요한 또 한 가지 이유는 미디어 속 재현과 현실이 서로 복잡하고 첨예한 방식으로 상호작용하기 때문이다. 여성 재현은 사회에서 통용되는 여성성을 반영하지만 반대로 그러한 여성에 대한 관념을 변화시키거나 강화할 수도 있다. 미디어 연구에서 전자를 강조하는 입장을 반영론, 후자를 효과론이라고 한다. 어떤 미디어 텍스트도 현실을 순수하게 반영하기만 하지 않으며, 반대로 실제 사회의 맥락과 상관없이 제작되어 일방적으로 사람들에게 영향을 끼치기만 하지도 않는다.

예를 들어 한 게임 디자이너가 캐릭터를 여성으로 나타내기 위해 분홍색 포인트 컬러, 가는 허리, 긴 머리로 표현하기로 선택했다고 하자. 그 캐릭터가 플레이어들에게 자연스럽게 여성 캐릭터로 받아들여진다면, 이 같은 상징과 표현 방식이 여성을 나타낸다는 의미로 오랜 시간 동안 굳어져 왔고 플레이어들 역시 그 같은 표현 방식과 표현 대상 사이의 관습적 연결을 내재화하고 납득했기 때문이다. 그리고 이러한 납득의 과정을 통해 디자이너가 캐릭터를 만들 때 사용한 특징과 여성성을 연결하는 사회적 인식이 강화된다고 볼 수도 있다. 그런데 이러한 재현의 관습은 항상 변화할 수 있으며 반대로 사회적인 인식에 영향을 끼치기도 한다. 가령 짧은 머리와 근육질 체형이 여성을 표현하는 방식으로 더 자주 사용되어 그에 대해 의문을 제기하는 사람들이 적어진다면, 사회의 여성상 또한 변화할 가능성이 열린다.

여성 게임 캐릭터에 대한 문제적 재현 방식이나 여성 게이머들에 대한 차별과 같은 게임 문화에 대한 비판이 본격적으로 시작된 지 10년이 채 되지 않았다. 가장 대표적인 논란은 "게임 속 여성의 모습이 현실과 일치하지 않는다."는 비판이다. 즉 '잘못된 재현'으로 현실 속 '진짜 여자'들에게 피해를 주고 있다는 것인데, 틀린 지적은 아니지만 진부한 이야기임을 부정할 수도 없다. 이미 오랜 기간 동안 여러 창구를 통해 수도 없이 제기된 비판이기도 하고, 똑 부러진 대안이 있는 것도 아니기 때문이다. 그렇다면 대체 '정확한 재현'이란 무엇일까? 재현의 오류가 현실을 변조한다는 주장은 효과론에만 근거한, 즉 사실의 반만 설명하는 불완전 논리이기도 하다.

게임 캐릭터와 자신을 동일시하는 세 가지 방법

'잘못된 재현'만큼 빈번하게 등장하는 지적은 게임을 플레이하는 게이머와 게임 속에서 게이머를 대신하는 캐릭터 간의 '관계'에 관한 것이다. 대부분의 게임에는 '나'를 대신해 주는 누군가(혹은 무엇인가)가 있다. 간단한 퍼즐 게임에도 누군가가 나를 대신해 공을 튕겨주거나 카드를 뒤집어준다. 따라서 게이머는 게임 속의 그(것)를 나의 분신으로 여기며 동일시하기 쉽다.

게이머와 캐릭터를 동일시하는 것은 장르와 종류 그리고 게이머의 인식 및 심도에 따라 세 단계로 나눌 수 있다. 먼저 가장 깊은 단계는 게이머가 게임 캐릭터를 자신의 분신(아바타)으로 여기거나 제2의 자아로 여기는 것이다. 〈제페토Zepeto〉나 〈VR챗〉과 같은 메타버스 게임에서 주로 나타나는 현상이다. 가상 세계에서 게이머는 비록 현실과는 다른 모습을 하고 다른 성격을 연기할지라도 자신이 만든 캐릭터 외피를 입고 있는 것은 본인이라고 인식하게 된다.

두 번째 단계는 게이머가 게임 캐릭터를 자신의 분신으로 여기지는 않지만, 자신이 의도하는 바를 충실하게 따르는 대리인이라고 여기는 상황이다. 스토리를 따라가는 게임이나 FPS 장르의 게임을 플레이할 때 주로 나타난다. 게이머는 주인공 플레이어-캐릭터와 자신을 별개의 존재로 여기면서도 종종 캐릭터의 상황에 공감하고 감정을 이입하기도 한다. 캐릭터를 조종해 원하는 기술이나 목표를 성공적으로 구현해 낼 때 성취감을 느끼고, 이 캐릭터를 칭찬하거나 캐릭터의 조종자인 자신을 뿌듯해한다. 몰입의 정도가 강해지면 첫 번째 단계의 동일시와 차이가 없어지는 경우도 있다.

가장 낮은 심도의 동일시로는 게이머가 게임 캐릭터를 (내 말을 잘 듣는) 애완동물로 여기는 것이다. 〈심즈Sims〉나 〈프린세스 메이커Princess Maker〉를 플레이하는 게이머는 많은 시간과 노력, 애정을 쏟기는 하지만 게임 캐릭터에 자신을 거의 투영하지 않는다. 간혹 아무 죄책감 없이 〈심즈〉 캐릭터를 벽에 가두거나 〈프린세스 메이커〉의 수양딸을 마왕으로 키우는 경우도 있다.

캐릭터에 몰입하거나 캐릭터를 동지로 여기거나

물론 이상의 세 단계 동일시는 게이머와 캐릭터의 관계를 이해하기 위한 분석적 범주화에 그친다. 대부분의 게이머들은 하나의 게임을 플레이할 때에도 이 세 단계를 모두 경험하기도 한다. 다만 게임 캐릭터의 가시성이나 조종 가능성, 외형적·기능적 특징과 서사, 자유도, 캐릭터 시점과 같은 여러 변수가 '동일시'의 심도에 영향을 주는 것은 명확하다.

동일시의 정도에 따라 캐릭터가 게이머에게 갖는 영향력 역시 달라진다는 것은 어찌 보면 당연하다. 가령 여성 게이머가 선정적으로 묘사된 여성 캐릭터를 플레이했을 때 자기 효능감에 부정적인 영향을 받았다는 벰-모라위츠와 마스트로Behm-Morawitz and Mastro의 2009년 연구 결과가 있다. 게이머가 게임 캐릭터를 직접 조종하고 그의 운명을 바꾸기 때문에 여성 게이머가 여성 캐릭터에 더 몰입하고 스스로를 투영하는 동일시가 강했기 때문이다.

다른 연구 결과도 있다. 게임 속 여성과 소수자 재현에 대해 관심을 가지고 오랜 기간 연구를 해온 미국 템플대학의 에이드리엔 쇼Adrienne Shaw 교수는 자신의 첫 연구였던 'LGBT 게이머 연구'에서 정작 이들은 게임 속 LGBT에 대한 재현에 관심이 없음을 발견하고 충격을 받았다. 이어 그는 중동, 핀란드, 인도 등 다른 문화권 사람들을 대상으로 했던 연구에서도 사람들은 게임 내에서 자신과 비슷한 집단에 대해 거의 신경 쓰지 않음을 발견했다. 다들 게임을 하느라 바빴을 뿐 왜 현실 속 '나'와 다르게 묘사했냐고 화를 내는 게이머는 별로 없었던 것이다. 쇼는 게이머와 게임 속 캐릭터의 관계를 '동일시'만으로 해석하는 것은 불완전하다는 결론을 내린다.

실제로 많은 남성 게이머가 여성(적) 캐릭터를 선택해 게임을 즐기기도 하고, 여성 게이머가 남성(적) 캐릭터를 선택하기도 한다. 현실에서는 물리적 힘이 부족한 어린 여성이 우락부락한 남성 캐릭터로 게임하길 좋아한다면, 여기에는 동일시 외의 어떤 다른 이유가 있을 것이다. 쇼의 연구 대상이었던 게이머들은 캐릭터 그 자체에 대해 동일시를 하기보다는 캐릭터와의 지적·감정적 연결을 통해 즐거움을 얻었다고 한다. 일부는 캐릭터와 '친구'가 될 수 있다는 느낌이 중요하다고 답하기도 했다. 즉, 나를 대신해 주는 존재이기보다 나와 긴밀하게 관계된, 그래서 정서적 동지인 셈이다.

핵심은 게임 캐릭터의 정서적 실재감이다

〈싸이월드Cyworld〉가 큰 인기를 모았던 2000년대 중후반, 게이머(유저)들은 자신의 옷과 헤어스타일을 고르고 자신의 방인 미니룸을 예쁜 커튼이나 고급스러운 가구로 장식했다. '미니룸'은 물리적 현실과 구별되지만, 그 안의 '미니미'는 나의 분신이었다. 사람들이 '아바타'라는 용어에 익숙해지던 시기였다. 나와 비슷하게 생기지는 않았지만 별로 중요한 문제는 아니다. '동일성 동일시'보다 '공감적 동일시'에 가깝기 때문이다. 친구의 집(미니홈피)을 방문하는 행위도 내 미니미가 나를 대신해 움직이는 것으로 받아들인다.

게임에는 애완동물과 분신만 존재하는 것이 아니다. 다른 게이머가 조종하는 캐릭터가 있고, 게임에 따라서는 수많은 NPCNon-player Character(직접 조종할 수 없는 캐릭터)도 있다. 이들은 현실의 누군가를 최대한 흉내 낸 반영물이라 여길 수도 있고, 현실과는 유리된 가상의 존재로 바라볼 수도 있다. 여기서는 동일시의 문제 대신 '실재감'의 문제가 대두된다. 저명한 미디어 학자인 마크 안드레예비치Mark Andrejevic는 텔레비전 시청자가 리얼리티 프로그램을 즐기는 방식을 '실증적' 시청자와 '포스트모던' 시청자로 구분해 설명했다. 전자는 프로그램이 제작사에 의해 기획된 세팅 안에서 진행된다는 사실을 알지만 최소한 그 세트 안에서는 출연진이 가식 없는, 즉 리얼한 행동을 한다고(혹은 해야 한다고) 믿는 사람들이다. 후자는 프로그램을 하나의 방송 상품으로 간주하고, 모든 것이 인위적일 것이라 생각하며 냉소적으로 바라보기 때문에 설령 감춰진 각본이 드러나도 크게 실망하거나 분노하지 않는 사람들이다. 이 둘의 시각은 정반대이지만, 두 관점 모두 프로그램의 인위성을 '주어진 것'으로 당연하게 받아들인다는 공통점이 있다.

리얼리티 프로그램의 비유는 게임에도 적용될 수 있다.

게이머들은 게임 속 세계의 인간관계나 규칙에 집착하는 사람과 어차피 현실이 아니므로 실재와 맞대어 비교하는 것은 무의미하다고 생각하는 사람으로 분류될 수 있다. 둘 모두 게임 속 세계가 인위적인 (가상) 세계라는 사실을 잘 알고 있다. 물리적인 현실 세계와 똑같아야 한다고 믿는 사람은 아무도 없다. 따라서 게임 속의 캐릭터나 NPC가 비현실적으로 잘생겼거나 거대한 두상을 가졌어도 흠이 될 수 없으며 상상할 수 없을 만큼 힘이 세거나 싸움을 잘해도 이상할 이유가 없다.

문제는 게이머들이 느끼는 '그럴듯함'이라는 감정이다. '핍진성(verisimilitude)', 즉 실재는 아니지만 그럴듯하다고 느끼는 감정은 게이머로 하여금 '정서적 실재감'을 갖도록 해준다. SF 영화를 보면서 한편으로 허황함을 인지하면서도 다른 한편으로는 '그 (영화적) 상황에서는' 그런 일이 벌어지는 것이 그럴듯하다고 느끼는 것과 비슷하다. 게이머가 자신의 아바타에게 동일시 감정을 느끼는 것도 생김새 때문이 아니라 서사적 효과라는 연구 결과도 있다. 게임과 현실은 당연히 동질적이지도 동형적이지도 않지만, 그것이 아무런 현실적 효과도 없다고 결론지을 수는 없다. 특히 온라인 게임에서는 온·오프 정체성 사이의 복잡한 상호 관계에 의존하여 플레이가 진행되기 때문에 게이머의 관심은 캐릭터와의 관계에서 현실 속 사람과의 관계로 전환될 수 있다.

이제, 질문을 던질 필요가 있다

다시 게임 속 여성의 재현 문제로 돌아가자면, 여성으로 재현된 캐릭터들은 게임 내 표현 방식과 기호 그리고 게임 외적인 여러 설정들을 통해 우리에게 '그럴듯한' 여성상을 제공한다. 이때 아무런 의심도 던지지 않으면 쉽게 동일시하거나 정서적 관계를 맺게 된다. 우리는 어떤 기호들이 여성성을 재현하는 것으로 여겨지는지, 그것이 과연 필연적인 연결 관계를 지니는지 질문해 볼 수 있다. 나아가 이 질문들은 결국 게임 모니터를 뚫고 나와 현실에 존재하는 여성성에 대한 질문들로 이어질 수 있을 것이다. 이런 일련의 질문들을 통해 재현은 현실을 반영하면서도 동시에 그것을 변화시킬 수 있는 잠재력을 가지게 될 것이다.

02 〈서든어택 2〉의 '미야'는 왜 사라졌을까

미야를 향한 남성적 응시

2016년 7월 한 영상이 게임의 성 상품화 논쟁을 촉발시켰다. 문제의 영상은 밀리터리 1인칭 슈팅 게임 〈서든어택Sudden Attack 2〉의 출시 예고 트레일러였다. 게임 속 플레이어 캐릭터인 '미야'는 강남역을 걸어가다 역에 잠복해 있던 무장한 남자들과 마주한다. 영상 속에서 미야는 곧바로 총과 칼을 꺼내 여유롭게 그들을 제압한 후 권총을 흔들며 유유히 걸어간다.

영상을 본 사람들은 미야의 몸매가 비현실적이고, 옷차림이 선정적이며, 걷는 방식이 우스꽝스럽다고 비판했다. 일부는 강남역을 배경으로 하는 해당 영상이 당시 사회적인 이슈였던 '강남역 살인 사건'을 연상시킨다는 점에서 부적절하다고 주장하기도 했다. 게임업계가 여성 유저를 잠

〈서든어택 2〉 트레일러 장면 캡처

(출처: 유튜브 채널 맛익덕; youtube.com/channel/UCfZ-iYrmCmTJ_cmjYFfco9Q/)

재적 고객층에서 배제하면서 오랜 시간 여성 이슈에 둔감한 태도를 유지해 왔다는 것이다. 출시 전부터 구설에 오른 〈서든어택 2〉는 선정성 논란의 중심이 된 여성 캐릭터 둘을 삭제하는 강수를 뒀다. 그러나 게임의 완성도와 게임 운영 면에서도 부정적인 평가를 받던 이 게임은 결국 서비스 조기 종료를 공지했다. 출시한 지 채 석 달이 되지 않은 9월 29일 서비스를 종료함에 따라 미야도 〈서든어택2〉도 모두 게이머들의 시야에서 사라졌다.

〈서든어택 2〉의 해당 트레일러는 강남역을 걸어가는 미야의 엉덩이와 휴대폰을 열어 보는 미야의 가슴골을 클로즈업해 화면 가득 보여준다. 조금 뻔한 이야기로 시작하자면, 이런 장면은 영화 이론가 로라 멀비Laura Mulvey가 이론화한 '남성적 응시(male gaze)'의 사례로 볼 수 있다. '응시'란 단순히 시지각적으로 바라보는 것이 아니라 성별화된 욕망이 투사된 특정한 방식으로 시각과 지각을 사용하는 것을 말한다. 멀비가 지적한 '남성적 응시'는 가부장적 권력을 강화·생산·확인하는 특정한 방식의 지각 방식을 말한다.

영화에서 응시를 만들어내는 것은 카메라가 영화 속 인물의 시점을 담고, 관객이 누구의 입장에 동일시하느냐에 달려 있다. 멀비가 논문을 발표했던 1970년대의 할리우드 영화에서는 주로 남성 주인공이 서사를 능동적으로 이끌어 가는 역할을 했고, 그들의 시선은 카메라의 시선과 종종 일치했다. 그에 반해 여성 인물들은 서사적으로도 보조적인 역할에 머무르는 경우가 많았고, 바라보는 주체이기보다는 카메라와 남성 주인공 시선의 대상으로 그려졌다. 이 같은 화면 구성을 통해 당시 할리우드 영화를 관람하는 남성 관객들은 남성 주인공의 위치에 스스로를 동일시하며 영화 속 여성을 시각적으로 감상할 수 있었다. 멀비의 관점에서 보자면 〈서든어택 2〉의 트레일러 영상에서 미야의 신체 부위들이 클로즈업되는 것은 여성 신체를 파편화하고 물화함으로써 대상을 구경거리로 전락시킨 것이다.

부드럽고 말랑한 여성 전사

영화는 관객에게 두 가지 방식의 서로 다른 쾌락을 제공한다. 관객이 다른 사람들을 시각적으로 감상하는, 즉 훔쳐보는 것 같은 쾌락과 영화 속 인물에 스스로를 동일시하는 쾌락이다. 그런데 이 두 가지 쾌락 사이에는 종종 충돌이 일어난다. 스펙터클이 주는 쾌락과 내러티브에서 얻는 쾌락 사이의 충돌이다. 예를 들어 영화의 줄거리와 무관하게 여성의 에로틱한 모습이 뜬금없이 등장하면 사람들은 필연적으로 어색함을 느끼게 된다. 이러한 이유로 영화는 어색함을 완화시키는 연출과 서사적인 장치를 이용한다. 가령 여성 주인공이 잠시 가상의 시간과 공간으로 빠져들어 내러티브를 해치지 않으면서도 섹시한 연기와 노래를 펼칠 수 있도록 만드는 것이다. 만약 이 같은 서사적 장치가 없다면 관객의 불편한 감정은 해소될 수 없다.

〈서든어택 2〉의 트레일러에서도 내러티브와 스펙터클의 충돌이 일어난다. 미야가 보여주는 전투 장면에서는 미야가 신체의 대부분을 노출하고 있는 반면 적군 남자들은 방탄조끼와 헬멧 등 보호 장비를 겹겹이 착용하고 있다. 속옷에 가까운 옷을 입고도 여러 명의 남자들을 성공적으로 제압하는 미야의 전투 능력은 분명 우수하게 묘사됐지만, 동시에 부드러움과 말랑함이 강조되는 미야의 속살은 분명 그녀를 취약하게 보이도록 한다. 미야가 몸을 숙여 기관총을 쏠 때 그녀의 뱃살은 살짝 접히기까지 한다. 전투 게임 캐릭터인 미야는 아이러니하게도 부드럽고 말랑한 고무 인형처럼 만지고 싶은 마음이 들도록 조형되었던 것이다. 〈서든어택 2〉의 트레일러 영상이 많은 사람들의 격렬한 반응을 불러오며 논란이 되었던 것은 이러한 모순이 일으키는 불편한 감정 때문이었을지도 모른다.

영화·드라마 관람의 몰입도와 게임 플레이의 몰입도

영상 트레일러가 아닌 게임 〈서든어택 2〉를 플레이할 때의 상황은 조금 더 복잡하다. 멀비에 의하면 관객이 영화관의 밀폐된 공간에 편안하게 앉아 밝고 생동감 있는 화면을 시청할 때 관객은 영상으로부터 안전하게 분리된 채 화면 속 세계를 관찰한다는 착각을 하게 된다. 이는 관객으로 하여금 여성 캐릭터를 몰래 관찰하는 듯한 시선으로 보도록 만든다. 게임을 플레이하는 상황은 영상을 시청하는 상황과는 조금 다른 점이 있다. 영화와 마찬가지로 우리는 안전하게 컴퓨터 모니터 밖 의자에 앉아 게임 속 화면을 바라보지만, 감각적으로는 게임 화면과 완전히 분리되어 있지 않다. 충분히 몰입한 게이머는 종종 화면 속 세상에 빠져드는 것과 비슷한 감각을 느끼기도 한다. 게이머가 〈서든어택 2〉를 플레이할 때 미야는 게이머에게 관찰되는 대상일 뿐 아니라 직접 공격을 가할 수 있는 대상이 되고, 게이머가 직접 미야의 외피를 쓰고 다른 캐릭터를 공격할 수도 있다.

따라서 게임에서의 여성 재현을 말할 때 영화나 드라마에서의 여성 재현과는 다른 방식의 논의가 필요하다. 플레이어가 캐릭터를 직접 조종할 수 있고 상대 여성 캐릭터와 상호 작용하는 것이 가능하도록 게임이 설계되어 있다는 것은 단지 여성 인물을 관음증적인 시선으로 바라보는 것보다 더욱 직접적이고 가학적인 방식으로 여성 캐릭터를 대할 수 있다는 것을 의미하기 때문이다.

확인 사살: 여성 시체에서 선정성 찾기

〈서든어택 2〉는 출시 이후 게임 내에서 쓰러진 여성 캐릭터들의 모습으로 다시 한번 문제가 됐다. 게임에서 처치당한 여성 캐릭터들이 다리를 벌리거나 가슴을 난간에 걸친 채 쓰러진 모습이 캡처돼 인터넷에 공유되기 시작했다. 서비스가 종료된 〈서든어택 2〉는 더 이상 플레이할 수 없음에도 불구하고, 아직도 유튜브에는 'Sudden Attack 2 Ryona'라는 제목의 영상이 남아 있다. '료나Ryona'는 캐릭터를 잔혹하게 고문하거나 가학 행위를 하면서 성적인 쾌락을 얻는 취향을 말하는데, 이 같은 영상에는 무방비로 쓰러진 여성 캐릭터들의 모습이 남아 있다. 게다가 이미 쓰러진 〈서든어택 2〉 여성 캐릭터의 배와 머리를 향해 총을 쏴 그들을 피투성이로 만드는 장면만 편집한 영상도 많다.

원래 FPS 대전 게임에서 플레이어 캐릭터가 죽임을 당

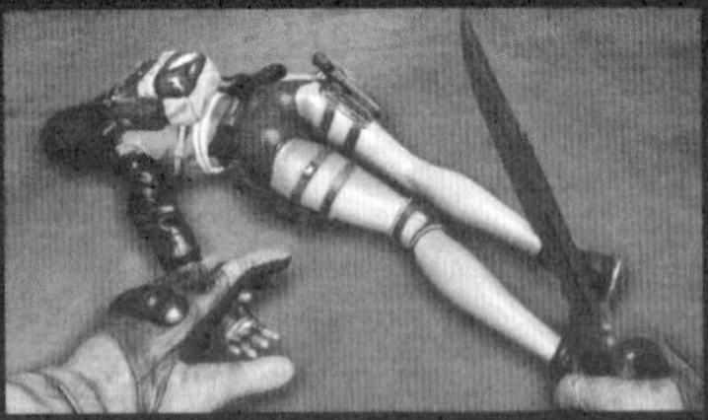

'Sudden Attack 2 Ryona' 유튜브 장면 캡처
(출처: 유튜브 채널 료큐: youtube.com/c/RyoKyu)

하면 해당 캐릭터는 더 이상 플레이어가 조종할 수 없고, 축 늘어진 시체가 되어 몇 초 동안 게임 공간에 머무르게 된다. 이는 〈서든어택 2〉에서도 마찬가지다. 나아가 캐릭터가 죽었다고 판명된 순간부터 그 전과는 다른 물리 엔진 래그돌Ragdoll이 적용된다. 래그돌은 실제 인간과 같은 사실적인 관절로 자연스럽게 움직이도록 설계됐지만, 캐릭터가 죽는 순간부터 마치 헝겊 인형처럼 팔다리를 축 늘어지게 만들어 자연스럽게 쓰러지는 것처럼 보이게 한다. 이런 시체를 향해 총을 쏘면 충격을 받아 몸이 꺾이거나 뒤틀리게 된다. 멀비는 카메라와 클로즈업이 만들어내는 여성 신체의 파편화를 지적했지만, FPS 게임에서는 플레이어가 여성 게임 캐릭터의 신체를 피투성이로 만들고, 그 모습을 촬영해 화면 안에 담을 수 있다. 또한 멀비는 카메라의 클로즈업을 통해 물화되는 여성의 신체에 대해서 설명한 바 있는데, 〈서든어택 2〉와 같은 FPS 게임에서 여성 캐릭터의 신체가 프로그래밍 언어로 '물체/객체(object)'로 구성된다는 점 또한 단순한 우연의 일치만은 아닌 듯하다.

숙제를 남기고 사라진 미야

'미야'는 결국 게이머들의 사랑을 받지 못한 채 사라졌다.

게이머들이 예쁘고 몸매 좋고 복장도 적당히 야한, 그런 캐릭터를 싫어해서였을까? 여성(캐릭터)을 상품화하는 판매 전략에 분노한 '페미니스트'들의 반발 때문이었을까? 아니면 여성 재현 방식과는 아무런 상관이 없는 게임 퀄리티의 한심함 때문이었을까? 딱 부러진 답을 제시할 수는 없다. 분명한 것은 '미야'는 '게임 속 여성의 재현'이 그렇게 간단한 문제가 아니라는 점을 일깨워주었다는 점이다. 개발사도 여성 캐릭터를 어떻게 묘사해야 좋을지 (이전과는 다른 의미로) 고민하기 시작했다.

03 누구의 눈으로 바라볼 것인가, 〈라오어〉의 엘리와 애비

여성 NPC에 가해지는 폭력

게임 개발사 록스타 게임스Rockstar Games는 게임 속 여성 재현에 관한 비판을 받아들여 게임 기획에 반영했다. 1899년 미국 서부 시대를 배경으로 하는 오픈 월드 어드벤처 게임 〈레드 데드 리뎀션Red Dead Redemption 2〉(2018)에 여성의 참정권을 외치는 여성 NPCNon-Player Character를 등장시킨 것이다. 그런데 개발사의 의지는 예기치 못한 결과를 낳았다. 〈레드 데드 리뎀션 2〉는 플레이어가 게임 내에서 다양한 행동을 선택할 수 있는 오픈 월드 게임이다 보니, 개발자의 기획 의도와는 무관하게 몇몇 유저는 NPC를 멋대로 다루는 것을 즐겼다. 급기야 여성 참정권 운동을 하는 여성 NPC를 때리고, 올가미로 묶어 납치하고, 악어에게 먹이로 던져버리는 영상이 등장했다. '악어 먹이가 된

'Annoying Feminist Fed To Allegator' 유튜브 장면 캡처

(출처: 유튜브 채널 쉬라코: youtube.com/c/Shirrako)

짜증 나는 페미니스트(Annoying Feminist Fed To Alligator)'라는 제목의 영상은 유튜브에 게재되어 높은 조회 수를 얻었다. 물론 게임 설계에도 문제가 있었다. 〈레드 데드 리뎀션 2〉의 플레이어는 최대한 다양한 행동을 선택할 수 있도록 설계됐다. 게임 속 주인공 '아서 모건'은 건장한 백인 남성 무법자인데 플레이어가 손발을 조종할 수 있는, 즉 플레이어와 시점을 공유하는 캐릭터다. 반면 악어 먹이가 되는 늙은 '서프러제트'는 수많은 NPC 중 하나다.

〈레드 데드 리뎀션 2〉의 흥미로운 점은 플레이어 행위의 결과 또한 세계의 모습에 반영된다는 점이다. 아서가 죽인 NPC의 유족은 아서를 마주쳤을 때 "살인자! 지옥에나 떨어져라!"라며 비난하고, 한 번 야생 동물을 멸종시키면 다시는 해당 세계 내에서 그 동물을 볼 수 없게 된다. 플레이어의 행동 또한 '명예도'로 축적되어 게임의 커트 신cut scene과 엔딩에 반영된다. 플레이어가 NPC를 자주 공격하면 명예도가 깎이지만, 유색 인종과 아프리카 원주민, 여성, 아이들, 동물들을 보호하는 행동을 한다면 명예도가 올라가는 식이다.

명예로운 행동과 그렇지 않은 행동을 구분해 놓았음에도 불구하고, 플레이어는 여성 서프러제트Suffragette(여성 참정권 운동가)를 올가미로 묶어 악어에게 먹이로 주는 행동에 그다지 양심의 가책을 느끼지 않을 수 있다. 과부가 된 NPC가 "이제 나 혼자 세 아이를 키워야 한다고! 세 명이나!"라고 울부짖으며 다가와도 플레이어는 그저 게임 속 세계가 섬세하게 구현되어 있다고 감탄하고 만다. NPC는 NPC일 뿐이기 때문이다. 많은 오픈 월드 어드벤처 게임의 플레이어 캐릭터가 남성이고 그들만이 NPC에게 여러 가지 행동을 수행할 수 있는 구조라면, 게임이 만들어내는 '응시'도 불균형한 것일 수밖에 없다.

엘리의 변신과 애비의 반전

과거 할리우드 영화의 주인공들이 대부분 남성이었던 것처럼, 과거 많은 게임 속 여성들은 조연에 불과했다. 물론 최근에 들어서 여성 주인공을 플레이어 캐릭터로 설정한 게임들도 많이 늘어나고 있다. 2013년 처음 출시된 〈라오어(더 라스트 오브 어스The Last of Us)〉 배경은 균사체가 퍼져 많은 사람들이 좀비로 변한 포스트 아포칼립스였고, 플레이어 캐릭터인 조엘은 좀비 치료제 개발을 위해 곰팡이 면역을 가진 십대 소녀 엘리를 병원으로 데려다주는 미션을 부여받는다. 조엘을 따라다니는 NPC 엘리는 원래 게임의 후반부에만 플레이가 가능해지는 캐릭터였다. 그랬던 엘리는 후속작 〈라오어 파트 2〉(2020)에서 메인 플레이어 캐릭터가 된다. 〈라오어 파트 2〉의 전반부에서 조엘이 애비라는 이름의 여성에게 살해당하기 때문이다. 아버지처럼 따르던 조엘의 죽음을 눈앞에서 목격한 엘리는 복수를 위해 애비의 뒤를 쫓는다.

〈라오어 파트 2〉는 "누구의 입장에서 바라볼 것인가?"라는 질문을 집요하게 탐구하는 게임이기도 하다. 게임 전반부 내내 엘리의 눈으로 세상을 바라보던 플레이어는 게임이 중반부에 이르렀을 때 애비의 시점으로 이동하게 된다. 알고 보니 애비는 전편에서 조엘이 죽인 의사의 딸이었으며(전편에서 조엘-플레이어가 직접 의사를 쏘게 되어 있다), 그녀 역시 아버지의 복수를 행한 것이었음이 밝혀진다. 엘리가 지나온 시간을 애비의 시점에서 다시 경험한 플레이어는 다시 엘리와 대결하게 된다. 그리고 적으로 대면하게 된 엘리는 플레이어가 게임의 전반부 플레이를 통해 습득하고 강화해 놓은 무기들을 사용해 플레이어 애비를 공격한다. 게임 중반 이후부터 AI가 조종하더라도 엘리는 '나'라는 플레이어가 남긴 과거의 흔적들을 지니고 있는 것이다.

• 〈더 라스트 오브 어스 파트 2〉의 플레이어 캐릭터 엘리; 게임 캡처

: 〈더 라스트 오브 어스 파트 2〉의 플레이어 캐릭터 애비; 게임 캡처

•: 〈더 라스트 오브 어스 파트 2〉에서 애비가 조엘을 죽이는 장면; 게임 캡처

시점의 변화가 주는 불쾌함

많은 남성 게이머들은 새로운 캐릭터 애비가 근육질 몸과 거친 입을 가진 '지극히 페미스러운' 캐릭터라는 이유로 〈라오어 파트 2〉에 대해 부정적 반응을 보이기도 했다. 레인보 깃발이 등장하는 등 "PC가 묻어서"(즉 '정치적 올바름'을 추구하려는 개발사의 의도가 엿보여서) 불쾌하다는 이들도 적지 않았다. 이러한 반응들만으로도 '게임의 여성 재현'에 대한 많은 이야기가 가능하겠으나, 여기서는 시점의 변화에만 주목해 보자.

많은 게이머들은 게임 중반부터 애비의 시점에서 플레이하는 것을 거북해했지만 이러한 불편함은 사실 개발자들이 의도한 바이기도 했다. 갑작스럽게 애비의 시점을 강요받은 플레이어들은 그녀 주변 사람들의 상황을 이해하고 그들에게 정서적으로 동일시하기를 요구받는다. 그 증오스러운 원수의 몸으로 들어가 과거의 자신을 공격해야만 하는 것이다. 조엘과 엘리에게 애정을 가지고 있던 게이머들이 게임 전개에 분노를 쏟아낸 것도 일견 이해되는 일이다. 의도적으로 불쾌함을 주는 것은 게임의 본질에서 벗어난 것이라는 주장이 쏟아졌다. 정치적 올바름에 대한 거부 반응까지 겹치면서, 일부 게이머들은 〈라오어 파트 2〉

의 게임 시디를 가위로 자르며 항의했다.

플레이어에 남겨진 생생한 감각

영화나 드라마에서는 〈라오어 파트 2〉 같은 반전을 만들어 낼 수 없다. 대립하는 두 주인공(집단)의 입장을 번갈아 가며 진지하게 비춰줘 봤자 관객은 그저 바라보는 관찰자에 머문다. 둘의 입장을 이해할지언정 불편함을 느끼지는 않는다. 그런데 게임에서는 대립하는 두 주인공의 시선을 공유할 때 플레이어는 혼란스럽고 거북하다. 〈라오어 파트 2〉 플레이어들에게 분노와 수치심을 유발한 방아쇠는 '내'가 마우스 클릭으로 총을 당겨 의사를 살해했다는 생생한 감각이기 때문이다. 엘리에게 감정을 이입했다가 금세 애비의 입장에 정서적으로 이입하고, 혹은 그러한 모순으로 인해 분노와 수치심을 느끼는 경험은 영화나 드라마에서 얻을 수 없다. 어쩌면 〈라오어 파트 2〉는 게임만이 제공할 수 있는 시선의 혼란이라는 (불)쾌감을 제공한 것일지도 모른다.

멀비가 던졌던 "우리는 누구의 눈으로 어떤 대상을 바라보는가?"라는 페미니즘적 질문은 이후 50년 가까운 기간 동안 영화의 여성 재현과 관객성에 관한 여러 질문과 논쟁들을 이끌어냈다. 게임에 대해서도 같은 질문을 할 수 있을까? 그 대답은 영화와 아주 많이 다를까? 게임에서도 같은 논쟁이 이어질 수 있을까?

04 '전사' 라라 크로프트와 '페미니스트 창녀' 푸르나

전설적인 게임 캐릭터의 탄생과 진화

〈툼 레이더Tomb Raider〉 시리즈의 여성 게임 캐릭터인 '라라 크로프트Lara Croft'는 여성 게임 캐릭터 중 가장 유명한 캐릭터라고 해도 과언이 아니다. 1996년에 첫 발매된 〈툼 레이더〉 시리즈는 2018년에도 〈섀도 오브 더 툼 레이더Shadow of the Tomb Raider〉가 발매되었을 정도로 긴 역사와 인기를 자랑한다. 이 오랜 기간에 걸쳐 시리즈의 주인공 라라 크로프트도 외형적으로나 서사적으로나 많은 변화를 겪었다.

라라 크로프트의 변화를 설명하기 위해서는 출시 당시 시대적 배경을 이해해야 한다. 1990년대 처음으로 게임에 3D 기술을 도입해 커다란 성공을 거둔 〈둠Doom〉(1993) 시리즈에 영향을 받은 게임사들은 너나없이 3D 게임을 개발하기 시작했다. 〈툼 레이더〉 역시 이러한 유행에 발맞추어

3D 공간을 자유롭게 탐험하는 어드벤처 게임을 만들고자 했던 시도였다. 초기 〈툼 레이더〉는 남자가 주인공인 게임으로 기획됐는데, 주인공 캐릭터가 영화 〈인디아나 존스〉의 주인공과 너무 닮았다는 이유로 퇴짜를 맞자 게임 제작사 코어 디자인Core Design은 섹시하고 전투적인 여전사를 주인공으로 내세웠고, 이것이 라라 크로프트의 탄생으로 이어졌다.

〈툼 레이더〉를 3D 그래픽으로 구현하면서 예상하지 못한 효과가 나타났다. 당시 최신 기술이던 3D 폴리곤 그래픽으로 여자 주인공 라라 크로프트의 몸매를 입체적으로 그려낸 것이 화제가 되었던 것이다. 화려한 그래픽에 익숙해진 지금의 시선으로는 잘 이해가 되지 않을 수 있지만 당시에는 이러한 캐릭터 디자인은 충격적일 정도로 섹시하게 여겨졌다. 그러한 화제성에 힘입어 라라 크로프트는 게임 캐릭터임에도 불구하고 성인 잡지의 주인공이 되기도 했고, 오랜 시간 동안 여성 게임 캐릭터의 대표 주자로서 인기와 논란을 동시에 얻었다. 많은 페미니스트 평론가들은 초기의 라라 크로프트가 "남성 게이머들의 환상을 그래픽으로 구현한 인격 없는 섹스 심벌"이라고 비판했다.

초기의 대성공에도 불구하고 〈툼 레이더〉 시리즈의 판

• 라라 크로프트의 변천사

(출처: https://www.reddit.com/r/gaming/comments/1bdqs5/the_evolution_of_lara_croft/)

: 다양한 버전의 라라 크로프트

(출처: https://tombraider.fandom.com/wiki/Tomb_Raider_Wiki)

매량은 서서히 정체되기 시작했고, 제작사 에이도스는 프랜차이즈의 인기를 다시 끌어올리기 위한 고민에 빠졌다. 게임의 문제점을 분석하기 위해 2008년 진행한 FGI(집단 인터뷰 연구) 참가자들은 더 이상 라라 크로프트에게 감정이입을 하기 어렵다는 의견을 제시했다. 예쁘기는 하지만 그 캐릭터의 성격이나 행동 양식을 이해하기에는 개성과 서사가 부족하다는 것이었다. 이 의견들을 수용해 게임사는 2013년 라라 크로프트라는 캐릭터를 전면적으로 개편한 〈툼 레이더〉 리부트 시리즈를 내놓았다. 수영복 같은 옷 속에 큰 가슴과 잘록한 허리를 숨긴 글래머 여전사에게 강력한 전투력을 기대하는 것은 아무래도 어색한 설정이라는 결론 끝에, 새로운 시리즈의 라라 크로프트는 노출을 줄이고 더 탄탄한 근육질의 모습으로 재탄생했다. 물론 캐릭터를 더 흥미롭게 만들 수 있는 서사도 추가로 부여되었다. 이러한 라라 크로프트의 리부트는 아직껏 매우 성공적인 것으로 평가받고 있다.

라라 크로프트, 학계의 주목을 받다

오랜 시간 게임의 대표적인 섹스 심벌로 여겨진 라라 크로프트는 학계에서도 치열한 논쟁의 대상이 되었다. 그런데

1996년 발매된 〈툼 레이더〉의 초기 라라 크로프트

(출처: https://tombraider.fandom.com)

이 논쟁은 당시 막 본격화하기 시작한 '(학술적인) 게임 문화 연구' 분야의 고유한 분위기를 빼놓고 이해하기 어렵다.

게임 연구가 태동한 1990년대 말, 게임 연구에 뛰어든 학자들은 크게 두 개의 진영으로 나뉘었다. 일부 연구자들은 새로운 영상 매체이자 서사 매체로 떠오른 게임에 매력을 느꼈으며, 문화적 텍스트이자 실천으로서의 게임을 그들의 새로운 연구 대상으로 포함시키고자 했다. 재닛 머레이Janet Murray는 게임을 참여적이고 상호 작용적인 속성을 가진 '진화한 형태의 서사'라고 표현했다. 그들은 게임의 서사적 측면에 집중한다는 점에서 '내러톨로지narratology' 진영으로 불렸다. 한편 영화나 문학 이론들을 적극적으로 차용하는 시도에 반기를 든 사람들이 있었다. 바로 '루돌로지ludology' 진영의 게임 연구자들이다. 이들은 내러톨로지 진영의 학자들이 게임의 상호 작용성을 지나치게 단순화한다고 비판했다. "게임은 서사가 될 수 없다."는 마르쿠 에스컬리넨Markku Eskelinen의 도발적인 주장이 나온 것도 이런 맥락에서다. 이들은 문학, 영화와 같은 기존의 미디어 텍스트는 감상하는 것이지만 게임은 게이머가 역동적으로 해석하고, 탐색하며, 변화를 가하는 것이기 때문에 문학이나 영화와 게임은 본질적으로 전혀 다른 것이라고 보았다.

게임의 놀이적 측면을 중시한 루돌로지 학파는 게임 플레이어의 적극적이고 능동적인 참여를 강조했지만, 생각해 보면 영화 관객도 마냥 수동적이지만은 않다. 회화, 연극, 소설을 감상할 때도 관객이나 독자는 작품의 내용을 자기 나름대로 '능동적으로' 독해한다. 같은 소설을 읽어도 해석이 제각각인 이유이다. 소설이나 영화 텍스트와 정신적으로 상호 작용하는 수용자들이 조이스틱이나 키보드를 경유하는 물리적 상호 작용에 비해 질적으로 떨어진다고 볼 근거도 없다. 미디어 학자인 레브 마노비치Lev Manovich가 지적했듯, 이는 그저 다른 방식의 상호 작용일 뿐이다. 글과 그림, 영상을 보는 행위는 '정적'이고 키보드를 두드리는 행위는 '역동적'이라 구분하는 것도 지나친 단순화라는 주장이다.

하지만 문학과 영화의 선형적 서사를 복잡한 게임에 '욱여 넣어' 해석하려 했던 내러톨로지 진영의 학자들도 게임 이용 양상을 설명하다가 말문이 막히기 일쑤였다. 〈테트리스〉에서 서사를 찾는 일은 억지스러웠고, 게이머의 능동적인 게이밍 행위를 '상호 작용적 내러티브'라 명명하는 것도 다소 군색한 해명이었다. 이 두 진영의 논쟁은 2000년대 초반까지 뜨겁게 이어지다가 슬슬 시들해지면서 2010년

경부터는 더 이상 직접적인 논박이 진행되지 않았다. 어느 한쪽이 승리했다기보다는 이 논쟁 자체가 게임의 이해에 이미 크게 기여했고, 더 이상 옳고 그름을 따지는 것은 무용한 일이라는 자각이 있었기 때문이다.

라라 크로프트를 둘러싼 끊이지 않는 논쟁

어쨌든 학계에서 내러톨로지와 루돌로지 진영이 치열한 논쟁을 벌이던 시기에 라라 크로프트는 비판과 재반박의 전장 한가운데 서게 되었다. 루돌로지 진영 연구자 에스펜 올셋Espen Aarseth은 라라 크로프트에게 가해지는 '섹스 심벌'이라는 비판이 과도하다고 주장했다. 그는 그래픽으로 구현된 캐릭터의 모습은 겉을 감싸는 포장지일 뿐 사실은 그러한 포장지 속에 담긴 게임의 규칙과 메카닉이 더 중요하다고 주장했다. 게다가 실제 게임 플레이를 하는 상황에서는 게이머가 라라 크로프트의 위치에 놓여 그녀의 몸을 '꿰뚫어보기' 때문에 캐릭터의 외관을 관찰할 일이 거의 없다는 점을 지적했다. 라라 크로프트의 옷차림에만 쏠려 있는 대중의 비판과 관심이 부당하다는 것이다.

올셋은 게임 속 재현(그래픽) 외에도 우리가 고민하고 논쟁하고 분석할 게임 요소가 너무 많다는 점을 지적하려는 것이었지만, 오히려 그의 지적을 무책임한 주장이라 비판하는 학자들이 다수였다. 그래픽 아래의 근원적인 게임 장치와 게이머의 플레이 경험은 달라지지 않는다는 그의 주장과는 달리 많은 사람들이 〈툼 레이더〉가 제공하는 서사적 세계에 감정적으로 이입한 경험을 고백했기 때문이다. 나아가 그러한 이입의 과정에 게임 캐릭터나 아바타의 재현 역시 게이머에게 큰 영향을 끼치고 있었다.

내러톨로지 진영의 학자들이 라라 크로포트를 영화나 드라마의 여주인공과 같은 선상에 놓고 해석하려 했다면, 루돌로지스트들은 게임 속 캐릭터를 야구 경기의 글러브나 포커 게임의 카드처럼 간주했다고 볼 수 있다. 전자에게는 캐릭터에 대한 관객/게이머의 동일시나 감정 이입 혹은 스펙터클적 효과가 중요한 반면, 후자에게는 놀이의 규칙과 도구가 중요하기 때문이다. 전자는 개발사가 만들어서 상품으로 던져진 게임 텍스트에 더 관심을 가졌다면, 후자는 게이머가 그 텍스트에 작용을 가하면서 만들어내는 즐거움에 더 관심을 가졌다.

페미니스트 창녀 푸르나

그렇다면 게임의 메커니즘과 규칙은 젠더 비평과 무관한 영역일까? 테크놀로지와 컴퓨터 코드는 늘 젠더 중립적인가? 여기 푸르나 잭슨Purna Jackson이라는 이름의 한 여성 캐릭터가 있다. 서바이벌 FPS 게임 〈데드 아일랜드Dead Island〉(2011)에 등장하는 30대 후반의 오스트레일리아 원주민-흑인 혼혈 여성이다.

푸르나는 전직 시드니 경찰관으로 설정된 캐릭터이다. 경찰 시절, 아동 성폭행범이지만 부와 연줄 덕에 처벌되지 않았던 흉악범을 총으로 쏜 후 직업을 잃은, 정의롭고 강한 인물이다. 게임 내에서 투척 무기, 둔기, 도검, 너클을 주로 이용하는 다른 캐릭터에 비해 푸르나는 총기류 특화 스킬을 다수 가지고 있다. 전직 경찰이라는 캐릭터 설정을 반영한 특성이다. 연약한 피해자나 섹시한 성적 대상이 아니라 정의감과 강한 전투 능력을 지닌 푸르나는 분명 모범적인 여성 재현의 사례로 상찬될 수 있을 것이다. 심지어 '젠더 전쟁(gender wars)'이라는 스킬도 가지고 있다. 반대 성별의 적을 처치할 때 데미지를 상승시켜 주는 기술이다. 〈데드 아일랜드〉에서 게이머의 목표는 좀비가 가득한 섬에서 생존하는 것인데, 선택 가능한 5명의 캐릭터 중 이 스킬을 사용할 수 있는 이는 푸르나 단 한 명이다. 결국 이 스킬은 '남성' 좀비들을 처치할 때 효과를 극대화할 수 있는 스킬인 셈이다.

- 〈데드 아일랜드〉의 프루나 잭슨 선택창
- 〈데드 아일랜드〉의 프루나 잭슨 스토리; 컷 신 캡처
  (출처: 유튜브 채널; https://www.youtube.com/channel/UCcvo3pw77EZLCjsorU3e4kw)
- 〈데드 아일랜드〉의 스틸 컷
  (출처: 데드 아일랜드 위키; https://deadisland.fandom.com/wiki/)

그런데 게임이 발매된 2011년 〈데드 아일랜드〉의 데이터 파일 중 푸르나의 '젠더 전쟁' 스킬의 소스 코드 이름이 'FeministWhorePurna(페미니스트 창녀 푸르나)'였음이 발견되었다. 제작사인 테크랜드Techland는 곧 "매우 부적절한 스크립트"라고 사과했다. 한 프로그래머가 사적인 농담으로 붙였던 것이며 해당 스킬은 현재 완전히 다른 이름으로 수정되었고, 스크립트 또한 마찬가지라는 공식 입장도 발표했다. 해당 소스 코드는 당연히 삭제되었지만, 이 정의롭고 강한 여성 캐릭터를 어떻게 바라봐야 하는지에 대한 혼란은 사라지지 않았다. 게이머의 눈에 보이는 모습만을 재현이라 간주하는 것이 온당한 자세인가? 실사 영화와는 달리 코드로 이루어진 게임 캐릭터의 경우 어디서 어디까지를 재현으로 보아야 하나? 게임에서 젠더 재현의 문제는 결코 단순하지 않다.

게임 속 젠더 재현의 문제는 간단하지 않다

게임 연구자이자 개발자인 로버트 양Robert Yang은 푸르나의 재현에 있어서 플레이어들에게 가장 큰 영향을 미치는 게임의 '절차적 수사학(procedural rhetoric)'이 바로 이 '젠더 전쟁' 스킬이라고 지적한다. '절차적 수사학'이란 게임 연구자 이안 보고스트Ian Bogost가 게임 플레이어를 설득시키는 게임의 내적 논리를 지칭하기 위해 사용한 용어이다. 예를 들어 라라 크로포트의 선정성 문제는 지극히 '시각적' 재현과만 관련된 문제이다. 그러나 게임은 단순한 시각 이미지의 조합으로만 이뤄지지 않았다. 소설이 문자적 수사학을, 영화가 시각적 수사학을 작동시킨다면, 게임은 전자식 연산과 입출력에 기반한 프로시저 기반의 수사 체계를 갖추고 있다는 주장이다. 이 논리에 따르면 게임의 여성 재현에서 시각적 차원만 관찰하는 것은 반쪽짜리 분석에 불과하다.

게이머가 플레이 캐릭터로 푸르나를 선택하는 순간, 푸르나는 자신의 과거 스토리를 들려주며 성범죄와 인종 차별에 반대하는 정의로운 신념을 설파한다. 하지만 이 과정은 플레이어가 스킵을 위한 'A 버튼'을 한 번 누르는 것만으로 간단하게 생략될 수 있다. 이 반복적이고 따분한 스토리는 대부분의 플레이어들에게 그저 부차적일 뿐이다. 이들에게는 '젠더 전쟁'의 스킬이 가져다줄 수 있는 전략적인 가치가 훨씬 중요하다. 또한 푸르나를 플레이하는 게이머는 어떤 스킬을 강화할 것인지 자유롭게 선택할 수 있지만, 캐릭터 설계상 '젠더 전쟁'은 매우 효과가 좋은 스킬이기 때문에 대부분의 플레이어들은 해당 스킬을 사용하게 된다. 정확히 말하자면, 게임은 이들로 하여금 이런 선택을 하도록 유도한다. 시각적 재현보다 절차적 재현이 힘을 발휘하는 순간이다.

남성 좀비들을 공격할 때 높은 데미지를 가할 수 있다는 '젠더 전쟁' 스킬의 설계는 개발 과정에서 붙었던 'Feminist WhorePurna'라는 소스 코드가 보여주듯 페미니스트들에 대한 편견과 조롱을 반영하고 있다고 로버트 양은 평가한다. 남성들, 심지어 남성 좀비들에게도 무조건적으로 적대적인 태도를 보이고, 공격적이며, 항상 쉽게 분노하는 페미니스트 이미지의 재현이다. 정의롭고 강한 유색인 캐릭터라는 점에서 푸르나는 '바람직한' 여성 재현 캐릭터로 평가될 수 있지만, 플레이어들을 설득하는 게임의 내적 설계, 즉 절차적 수사학의 측면에서는 여전히 남성 중심적 (혹은 반 페미니즘적) 한계로부터 자유롭지 못한 것이다.

시각적 재현 이상의 그 무엇

흔히 게임은 영화보다는 연극에 가깝다고 평가되곤 한다. 게이머는 관객인 동시에 공연자다. 그 연장선상에서, 게임 연구자 곤잘로 프라스카Gonzalo Frasca는 게임이 플레이어들을 배우로 참여시키기 때문에 배역에 대해 비판적인 거리를 잃어버리는 것을 경계해야 한다고 말한다. 게임의 이면에는 게임이 만들어낸 규칙과 그것이 내면화하고 있는 이데올로기가 존재하는데, 배역에 너무 깊이 몰입할 경우에 그러한 이데올로기들을 게이머들이 자연스럽게 내면화하게 된다는 것이다.

영화나 드라마, 게임 등 시각 매체의 좋은 재현과 나쁜 재현을 판단할 때 종종 동원되는 방법이 여성 캐릭터의 몸매와 옷차림이다. 혹은 극이나 게임 전체 구성에서 그가 어떤 역할을 하고 어느 만큼의 비중을 차지하고 있는지를 중요하게 평가하는 것이다. 여성 캐릭터가 지나치게 노출이 심한 의상을 입거나 남자 주인공의 성취에 대한 보상으로 여겨지는 경우라면 대부분의 학자와 비평가들은 여성에 대한 '나쁜' 재현이라 평가할 것이다. 그런데 푸르나의 사례는 이 같은 평이한 평가 기준만으로는 부족하다는 현실을 일깨워준다. 멋진 인물로 재현했지만 비밀 잉크로 "그런데 사실 얘는 창녀야."라고 적었다면 누가 이를 '좋은' 재현으로 인정할까.

내러톨로지와 루돌로지 두 진영의 입장 대립과 갈등이 그리 오래가지 않은 이유는 양 진영 사이에 논리적 모순이 있다기보다는 강조하는 바가 달랐기 때문이다. 두 입장을 통합하는 방식으로 게임을 다루어야 한다는 주장을 딱히 반박하기 어려운 이유다. 더구나 게임 관련 기술이 발달하고 세계 시장이 빠르게 변하면서, 서사냐 게임성이냐 싸우는 것은 너무 한가한 일이 되어버린 탓도 크다. 최근 게임 연구에서는 플랫폼, 소프트웨어 그리고 코드에 주목하는 기술적 전환(tech turn)이 이루어졌다는 지적도 있다. 그러다 보니 20여 년 전 내로톨로지 진영 학자들이 가졌던 문제의식은 뚜렷한 성과 없이 사라져버렸다. 게임 속 캐릭터의 외양과 성격, 스토리 전개, 음악과 음향, 그래픽 요소 등을 분석하는 작업은 뭔가 세련되지 못한 구시대 취향의 연구가 되어버린 것이다. 게임 속 여성의 재현을 치밀하게 분석하고 해석한 연구 성과가 별로 생산되지 못하고 있는 것도 이 탓이다. "여성을 상품화한다." 정도의 진부한 주장을 넘어서는 재현 연구가 필요하다.

재현과 현실의 필연적 연결

게임 속 여성 재현 연구의 짧은 역사와 논쟁을 훑어보며 우리는 몇 가지 시사점을 얻을 수 있다. 우선 게임의 '재현'은 단지 게임의 이미지나 소리와 같은 표면적인 것뿐 아니라 게임의 메카닉적인 요소와도 깊은 관련을 맺는다는 점을 기억해야 한다. 게임의 캐릭터, 서사, 내러티브 등의 요소들이 표현되기 위해서는 게임 기기의 기계적인 동작, 코드 같은 일정한 구현 방식을 거쳐야 한다. 둘째, 이미지와 플롯, 캐릭터, 언어와 같은 요소들 또한 게임의 중요한 구성 요소로서 그 존재나 영향은 결코 무시할 수준이 아니며, 따라서 이 같은 요소들에 대한 엄밀한 분석 없이는 게임(문화)에 대한 온전한 이해가 불가능하다는 점을 인정해야 한다. '마리오'가 없는 〈슈퍼 마리오Super Mario〉를 상상할 수는 없다. 라라 크로포트의 몸매와 근육을 무시하고 〈툼 레이더〉를 논하는 것도 반쪽짜리 연구에 그친다.

마지막으로 지금의 사회적·문화적·정치적 맥락 속에서 게임 연구는 다시 한번 재현과 정체성에 관한 비판적인 고민으로 돌아갈 필요가 있다. 최근 5~6년간 한국의 게임판에서 벌어졌던 일련의 사건들 중에는 일부 여성 노동자들에 대한 구조적 핍박과 특정 여성 게이머에 대한 살해 협박도 포함되어 있다. 게임 내의 재현과 정체성은 게임을 넘어 현실과도 연결되어 있다. 내러톨로지로 돌아가자는 것이 아니라 두 진영의 논쟁을 넘어서서 지금 여기에 걸맞은 새로운 재현 연구가 필요하다는 의미다.

05 그래픽 기술은 유죄인가

그래픽 기술 발전이 가져온 변화

1986년 출시된 〈젤다의 전설The Legend of Zelda〉에서 주인공 '링크'가 모험을 시작한 직후 나무들이 사방에 펼쳐진 공터가 나타난다. 이 나무들은 초록색, 검은색 그리고 파란색 사각 점들이 모인 모습으로 그려졌다. 초록색 점은 잎을, 검은색 점은 그림자를, 파란색 점은 나무의 줄기를 표현한다. 모든 나무들은 똑같이 생겼으며 전혀 움직이지 않는다. 이들은 플레이어와 몬스터들의 이동을 방해하는 역할을 할 뿐 다른 기능을 하지 않는다.

이 어드벤처 게임은 큰 성공을 거두었고 오랜 기간 사랑을 받았다. 그리고 제작사 닌텐도는 꾸준하게 게임을 업그레이드시켰다. 주인공 용사 링크가 하이랄 왕국의 공주인 젤다를 위해 모험을 떠난다는 주요 골자는 유지되었지만,

• 1986년 〈젤다의 전설〉의 나무

•• 2017년 〈젤다의 전설: 야생의 숨결〉의 나무

이러한 내용을 표현하는 그래픽은 기술 발전에 따라 크게 변했다. 젤다 프랜차이즈의 최신작인 〈젤다의 전설: 야생의 숨결The Legend of Zelda: Breath of the Wild〉에서 하이랄의 나무들은 각각 다른 굵기와 모양을 가진다. 전혀 움직이지 않았던 예전의 모습과는 달리 자연스럽게 바람에 흔들리기도 한다. 주인공 링크가 칼을 휘두르면 나무가 잘려 나가기도 하고, 그 과정에서 때때로 나뭇가지나 잎 등 아이템을 떨어뜨린다. 같은 시리즈일지라도 30년이라는 시간이 지나면서 동일한 자연물을 표현하는 방식이 크게 달라진 것이다.

미디어 재현 방식은 매체에 영향을 받는다. 이때 매체는 물질과 기술뿐 아니라 기법과 관습, 사회적 공간, 기관, 시장 등을 포함한다. 디지털 게임의 경우 게임을 실행시키는 콘솔, 화면을 송출하는 모니터, 키보드나 컨트롤러와 같은 입력 장치뿐 아니라 관습적인 표현 방식과 소비자의 선호가 매체를 구성한다. 이러한 각각의 요소들은 게임 재현 방식의 특수성을 만들어낸다.

컴퓨터 그래픽 기술의 변화는 여성 게임 캐릭터의 재현 방식에도 큰 변화를 가져왔다. 묘사는 세밀해졌고, 동작은 더욱 자연스러워졌다. 언뜻 보면 실사 영화의 한 장면과 구별하기 어려울 정도이다. 하지만 '실제 (살아 있는) 인물'이 아니라는 개발사-게이머들 간의 약속이 있다. 게이머는 너무나도 현실적인 모습의 캐릭터들을 결코 현실 세계로 불러오지 않는다. 또한 어떤 게임들은 기술적으로 충분히 모사가 가능함에도 불구하고 의도적으로 만화 같은 (혹은 현실과 전혀 다른 모습의) 캐릭터를 그려내기도 한다. 현실과 비슷하게 모사할수록 효과가 발휘되는 것은 아니기 때문이다. 게임 속에서는 비현실적으로 얼굴이 큰 이등신의 여성 캐릭터가 더 섹시하게 여겨질 수도 있고, 거대한 가슴과 엉덩이를 가진 캐릭터가 더 흉측하게 보일 수도 있다.

그래픽 기술 발전에 따른 여성 캐릭터 묘사 방식의 변화

게임 속 여성 캐릭터의 묘사 방식을 조사·분석한 연구가 있다. 미국의 한 연구자 집단이 1983년부터 2014년 사이에 출시된 게임 중 플레이 가능한 여성 캐릭터가 등장하는 571개 게임을 대상으로 한 연구이다. 이들은 여성 캐릭터의 신체 중 가슴, 엉덩이, 허리 그리고 다리 부분에 대해 성적 대상화의 정도를 5점 척도 점수로 매겼다. 신체의 다른 부위와의 비율, 맨살의 노출 정도, 몸매를 강조하는 액세서

리나 회화 표현, 불필요한 움직임이 있는지 등이 기준이 되었다. 연구자들은 캐릭터의 해당 부위가 전혀 대상화되지 않았을 경우에는 0점, 가장 높은 점수로는 5점을 매겨 이를 '성적 대상화 지수(sexualization index)'라고 이름 붙였다.

'성적 대상화 지수'는 그 자체로 많은 것을 설명해 주지 못한다. 연구 결과를 보더라도 시기별로 뚜렷한 경향성을 찾기는 어렵다. 다만 이들의 연구는 당시의 시대적 상황이나 디지털 게임의 기술적인 발전이 여성 캐릭터의 표현 방식과 어떤 관련이 있는지를 유추할 수 있도록 근거를 제공해 준다는 점에서 의의가 있다. 연구자들은 그래프를 간단히 네 종류의 시기로 나누어 설명한다. 성적 대상화 지수는 1983년과 1990년 사이 가장 적었다가 1990년대와 2000년대 초부터 급증하기 시작했다. 연구자들은 이 시기에 성적 대상화 지수가 급증한 것이 그래픽 기술의 발전과 연관이 있다고 설명한다. 초기 디지털 게임의 그래픽은 단순한 픽셀로서 매우 조악하게 표현되었다. 여성 캐릭터도 단순한 도트 형태로 표현되었기 때문에 노출 점수도 낮았던 것이다.

1990년대 중반에서부터는 본격적인 컴퓨터 기술 발전이 이루어졌다. 1993년 발매된 3D 어드벤처 게임 〈둠〉의

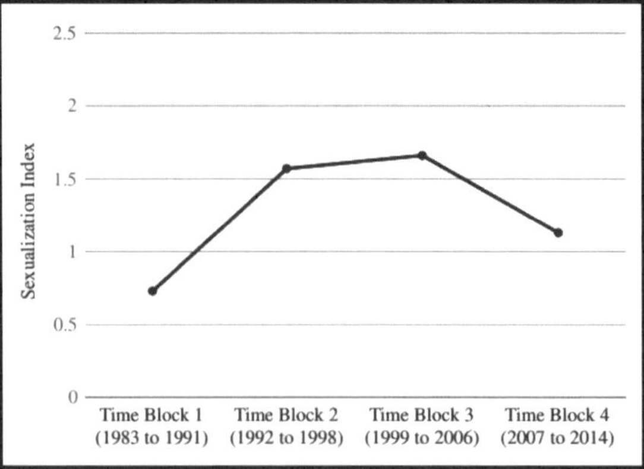

성적 대상화 지수(sexualization indes)

(출처: Lynch, et,al, 2016)

획기적인 성공이 미친 영향은 컸다. 고해상도와 3D 그래픽의 기술적인 향상은 더욱 인간과 가까운 모습의 게임 캐릭터를 등장시킬 수 있게 했다. 결과적으로 이 시기 게임 산업은 그 어느 때보다도 성적으로 대상화된 여성 캐릭터들을 많이 내놓았다. 앞서 언급했던 라라 크로프트의 등장도 이즈음이었다.

그래픽 기술의 발전 때문인가, 사회·문화적 변화 때문인가

그러나 왼쪽의 그래프가 보여주듯 2006년을 기점으로 여성 캐릭터의 성적 대상화 경향은 푹 꺾이는 모습을 보인다. 그 이유에 대해 연구자들은 여성들이 더욱 게임에 관심을 가지면서 게임업계에 팽배한 남성 헤게모니에 비판이 가해지기 시작했기 때문이라는 가설을 제시한다. 이 주장이 실증적으로 증명된 것은 아니지만 많은 학자들의 동의를 이끌어냈고, 이는 곧 기술 발전이 직접적이고 선형적으로 특정 방향성을 이끌어내지는 않음을 의미한다. 즉 컴퓨터 그래픽 기술의 획기적 발전은 게임 속 여성 캐릭터의 표현 방식에 (일시적으로) 엄청난 영향을 미쳤지만, 비기술적인 요소들, 특히 사회·문화적인 사람들의 인식 또한 게임 그래픽 제작 과정에 만만찮은 영향을 끼친다는 것을 보여준다.

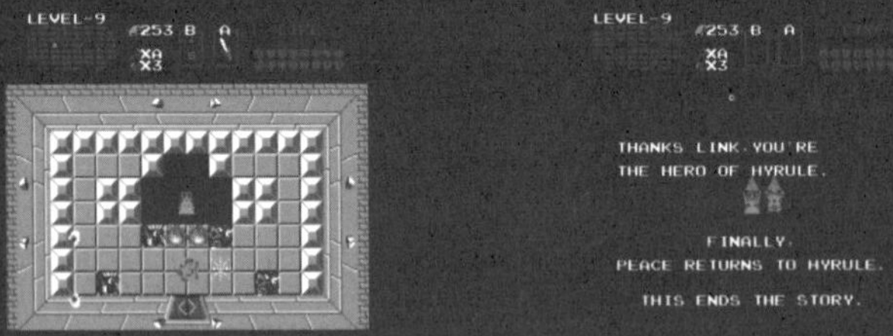

•

••

• 1986년 〈젤다의 전설〉의 젤다 공주
(출처: 유튜브 채널: http://www.youtube.com/gamechap).

•• 2017년 〈젤다의 전설〉의 젤다 공주
(출처: 유튜브 채널: http://www.youtube.com/gamechap)

많은 사람들은 〈젤다의 전설〉 속 주인공이 '젤다'일 것이라고 흔히 오해하곤 한다. 하지만 〈젤다의 전설〉의 주인공은 '링크'이며, 링크가 구해야 하는 공주가 바로 '젤다'이다. 젤다 공주의 모습도 앞서 언급한 연구자들이 설명한 것과 어느 정도 비슷한 변화의 흐름을 보여준다. 처음에는 도트 그래픽으로 그려지던 젤다 공주는 1998년작 〈젤다의 전설: 시간의 오카리나〉부터는 3D 그래픽으로 구현되기 시작했다. 최신작 〈야생의 숨결〉에서 젤다 공주는 더욱 큰 변화를 맞는다. 과거 시리즈에서는 괴물에게 납치당해 잠들고, 새장에 갇혀 링크가 구해 주기만을 기다렸으나 〈야생의 숨결〉에서는 오히려 링크를 구하고 하이랄 왕국을 구하는 두 명의 영웅 중 한 명으로 거듭난다. 기술의 발전은 젤다 공주를 더 현실적으로 만들었지만, 사회·문화적 변화는 그를 보다 능동적이고 주체적인 여성으로 변화시켰다.

생략과 제거를 통한 재현과 묘사

한 가지 간과하지 말아야 할 것은 바로 여성의 신체를 직접적으로 그려내는 방식을 통해서만 여성을 재현할 수 있는 것은 아니라는 사실이다. 2021년 출시된 〈언패킹Unpacking〉은 이것을 보여주는 아주 좋은 예다. 제목 그대로 〈언패킹〉

〈언패킹〉 플레이 화면 캡처

은 이삿짐을 풀어 공간 속에 배치하는 게임이다. 하지만 실제 이삿짐을 정리하는 일이 그러하듯 잡동사니와 짐은 지나치게 많고 수납공간은 너무 적다. 물건을 제자리에 넣지 못하고 엉뚱한 곳에 놓는다면 스테이지를 클리어할 수 없다. 결과적으로 게이머는 테트리스나 퍼즐을 맞추듯 게임을 플레이해야 한다.

그런데 〈언패킹〉에 등장하는 모든 이삿짐의 주인은 단 한 사람이다. 이삿짐의 주인은 1997년에 처음으로 자신만의 방을 가지게 되고, 2004년에는 대학에 진학해서 자취방에서 살게 된다. 2007년에는 룸메이트를 구해 더 큰 집으로 이사를 가며, 2010년에는 남자 친구와 동거를 하게 된다. 이렇게 플레이어는 2018년까지 총 8번 이삿짐을 풀고 정리한다. 〈언패킹〉의 주인공은 축구를 좋아하는 소녀였다가, 애니메이션과 게임을 좋아하는 미대생이었다가, 일러스트레이터이자 한 가정의 엄마가 된다. 이 모든 과정에서 주인공의 모습은 한 번도 등장하지 않지만, 플레이어는 짐 정리를 통해 그녀에 대해 많은 것들을 알게 된다.

또 동거인의 물건들을 통해 주인공의 인간관계를 유추할 수도 있다. 가령 주인공이 무채색으로 가득한 남자 친구의 집에 알록달록한 이삿짐을 가지고 들어갔을 때(스테이지 4) 플레이어는 이 둘의 관계가 전혀 조화롭지 않으며 이 관계가 금방 파탄 날 것이라는 불길한 예감을 가진다. 이후 주인공은 정말 남자 친구와 결별하고 다른 여성과 집을 합치게 되는데(스테이지 7), 과거 룸메이트들의 물건들은 이동할 수 없었다는 사실(스테이지 3)을 통해 이 새로운 동거인이 단순한 룸메이트가 아니라는 것이 은연중에 드러난다. 이 동거인은 주인공보다 조금 더 여성스러운 스타일의 옷을 많이 가지고 있으며, 전기밥솥이나 만두 찜기, 동양풍의 장식품을 가지고 있다는 점에서 동양인으로 추측되기도 한다. 마지막 스테이지의 새로운 집에서, 동화책 작가로 성공한 주인공과 그녀의 여성 파트너는 아기 방을 꾸미고 출산을 준비한다.

〈언패킹〉은 인물의 모습을 직접적으로 묘사하지 않으면서도, 주인공이 사는 공간과 물건들을 통해 해당 인물에 대해 상상해 보도록 한다. 즉 어떤 기호나 직접적인 문장의 묘사 없이도 한 인물의 양성애적 정체성을 세련되게 그려내고 있다. 이처럼 모든 재현이 그래픽과 관련된 것이어야 할 필요가 없으며, 반드시 현실의 인간과 똑같이 닮은 사실적인 그래픽만이 좋은 재현인 것도 아니다.

06 '팩맨'은 남자인가, '포이즌'은 여자인가

튜링 테스트는 성 역할 모방 게임이었다

1950년 앨런 튜링Alan Turing은 기계가 지능을 가지고 있는지 판별하는 사고 실험을 제시했다. 바로 우리가 '튜링 테스트'라고 알고 있는 실험이다. 실험의 내용은 이렇다. 컴퓨터와 인간을 안 보이는 방에 위치시키고 심판관이 질문을 한다. 심판관은 각각의 답을 듣고 어느 쪽이 인간이고 컴퓨터인지 분간해 내야 한다. 만약 심판관이 그 둘을 판별하는 데 실패한다면 컴퓨터가 지능을 가졌다고 간주할 수 있다. 그런데 이 사고 실험에는 잘 알려지지 않은 부분이 있다. 바로 튜링이 '모방 게임(imitation game)'이라는 이름의 성 역할 모방 게임으로부터 사고 실험의 모티브를 따왔다는 점이다.

원래의 '모방 게임'은 다음과 같이 진행된다. 남자와 여자를 벽 뒤에 둔 채로 심판관은 둘에게 질문을 해 어느 쪽이 남성이고 여성인지 분간해 내야 한다. 남자가 게임에서 승리하려면 성별을 속여 심판관이 잘못된 판단을 내리게 만들어야 하고, 여자는 심판관이 올바른 답을 내릴 수 있도록 해야 한다. 예를 들어 남자는 어떤 헤어스타일을 하고 있냐는 심판관의 질문에 "내 머리는 쉥글shingled 스타일이고 가장 긴 가닥은 9인치 정도"라는 답을 꾸며낼 수 있다. 그러한 묘사를 통해 심판관이 남자의 모습을 여자로 상상해 낸다면 남자가 승리한다.

튜링은 기계의 지능을 판별하는 실험을 설계하면서 위 게임의 '남자' 역할을 컴퓨터로 대체시켰다. 모방 게임에서 남자는 승리하기 위해 여성성을 연기해야 하며, 여자가 승리하기 위해서 택할 수 있는 최적의 전략은 최대한 진실을 말하는 것이다. 마찬가지로 튜링 테스트에서 컴퓨터는 인간의 지성을 모방하고, 인간은 최대한 진실을 말해야 각자의 입장에서 승리에 가까워진다. 이러한 점에서 각각의 게임은 연기된 여성성과 체화된 여성성, 인공적인 지성과 인간성의 대결이기도 하다. 그렇다면 한 가지 의문이 남는다. 후자의 게임에서 컴퓨터가 인간보다 더 인간처럼 대답할 때 그것이 인간에 비견할 지능을 갖췄다고 말할 수 있다면, 모방 게임에서 남자가 여자보다 더 여자인 것처럼 잘 연기해 낼 수 있다는 것은 무엇을 의미할까.

앨런 튜링이 테스트를 제시한 논문에서 모방 게임을 언급한 것에 대해 튜링의 전기 작가인 앤드류 호지스Andrew Hodges는 테스트의 의의를 흐리는 실수라고 평가한다. 테스트를 위해 임의적으로 가정될 수 있는 지능과는 달리 상징으로 환원될 수 없는 '확고한 사실'을 바탕으로 하는 성별을 나란히 비교한 것은 튜링의 본 취지와는 모순되는 비유라는 것이다. 반대 의견도 있다. 튜링은 당시 동성애자를 처벌하던 영국 법에 의해 여성 호르몬을 투약해야 하는 처벌을 받았다. 이러한 그의 개인적인 역사를 볼 때 그가 성역할과 그것의 허구성에 대해 오랫동안 고심해 왔을 것으로 추측되며, 따라서 그가 '성별은 구성된 것'이라는 전제하에 모방 게임으로부터 튜링 테스트의 원형을 가져왔을 것이라는 주장도 있다.

젠더 기호가 생략된 남성

컴퓨터의 아버지라고 불리는 튜링의 일화는 디지털 가상세계와 젠더 재현의 중요한 한 측면을 암시한다. 우리는 게임의 NPC가 진짜 사람이 아니라는 것을 알지만 게임을 플레이하는 도중에는 그것을 의식하지 않는다. 그래야 가상의 세계에 몰입할 수 있기 때문이다. 게임 내 NPC와 AI들과 상호 작용할 때마다 일종의 튜링 테스트를 거치는 셈이다. 마찬가지로 우리는 게임 안에서 특정 캐릭터의 젠더 재현을 볼 때 의식적으로 혹은 무의식적으로 그 캐릭터가 여성으로 재현된 것인지 남성으로 재현된 것인지를 구분하는 '모방 게임'을 한다. 게임 플레이어들은 게임에 몰입하는 동안에는 허구적인 세계와 젠더 재현에 기꺼이 속아준다. 그것이 사실은 컴퓨터 그래픽과 코드로 구성된 것임을 알면서도 말이다.

물론 우리는 자주 '모방 게임'에 실패하곤 한다. 한 난센스 퀴즈가 유행한 적이 있다. 교통사고로 아버지와 아이가 응급실로 실려 왔는데, 아이를 본 의사가 자기 친아들이라며 차마 직접 수술을 못 하겠다고 말했다는 것이다. 이게 '무슨 상황일까?'라는 질문인데, 많은 사람들은 운전자는 양부이고 의사가 생부라고 추측한다. 운전자와 의사는 동일 인물이고, 다행히 크게 다치지 않아 직접 응급 치료를 했다고 상상하기도 한다. 사실 의사가 아이의 엄마라는 것이 정답이다. 남성이 정상이고 여성은 특별한(예외적인)

사례라는 성적 고정 관념을 시험하는 난센스 퀴즈이다.

게임에서 아무 기호도 부여되지 않은 캐릭터는 '남성' 캐릭터로 여겨지는 반면 여성 캐릭터는 기본형의 남성 캐릭터에 리본이나 속눈썹만 붙이거나 분홍색 톤의 디자인이 덧붙여진 모습으로 그려지는 경우가 많다. 이러한 표현 방식은 어떤 젠더적인 기호가 부여되지 않은 기본형의 캐릭터는 '남성'일 것이라는 관습적인 믿음을 바탕으로 한다. 영어 단어 '맨man'이 사람 일반을 가리키지만 동시에 남성만을 지칭하기도 하는 반면 '우먼woman'은 리본(wo-)을 붙여서 여성 집단을 특정하는 것과 마찬가지이다. 아직 우리나라 사회에는 접두어 '여'를 붙여 그 특수함을 드러내는 경우가 많다. 남기자나 남교수라는 말은 없지만 여기자, 여교수, 여사장, 여기사라 지칭하는 일은 흔하다. 여성의 비율이 높은 직업이지만 '여교사'나 '여비서'라는 표현이 보편적인 것을 보면 반드시 수적 희소함 때문만은 아닌 듯하다.

남성도 여성도 아니었던 팩맨

1980년대에 남코의 게임 디자이너였던 이와타니 토루岩谷徹는 당시 게임 아케이드의 분위기에 불만을 가지고 있었

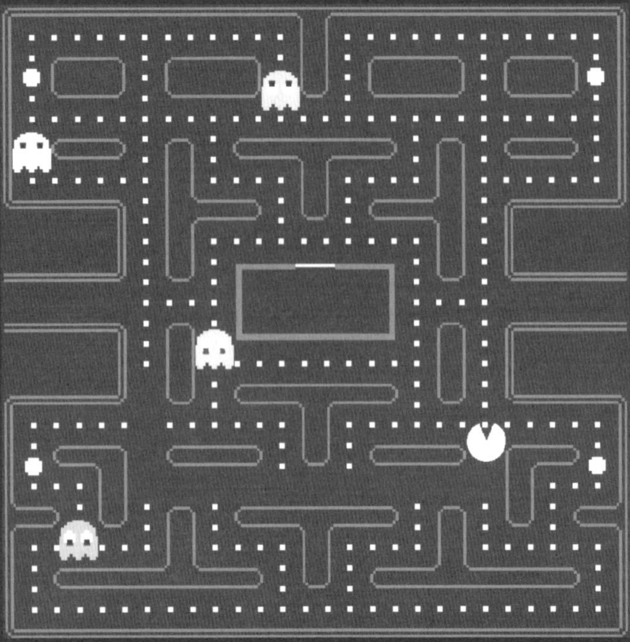

〈팩맨〉 플레이 화면 캡처

다. 남자들만 오는 어둡고 더러운 장소로 여겨지는 게임 아케이드를 남녀노소 모두 즐길 수 있는 공간으로 바꿀 수 있기를 바랐던 것이다. 이러한 고민을 안고 있던 어느 날 이와타니는 피자를 먹으려고 한 조각을 덜어낸 접시를 보다가 영감을 얻었다. '먹는 것'은 남자도 여자도 모두 좋아한다는 사실을 깨달은 것이다. 그는 그 아이디어를 가장 심플하고 실용적으로 표현하기 위해 노력을 기울였고, 피자의 모양에서 착안해 노란 쿠키들을 커다란 입으로 먹어 치우는 동그란 캐릭터를 만들어냈다. 이 캐릭터가 등장하는 게임이 1980년에 아케이드용으로 최초 출시된 〈팩맨Pac-Man〉이다.

와구와구 먹는 모양을 표현하는 일본어식 의태어 '파쿠파쿠'에서 이름을 따온 팩맨은 동그란 노란 머리에 입만 가지고 있다. 이러한 팩맨의 모습은 매우 단순하기 때문에 특정 성별을 지칭하는 관습적인 기호 표현을 거의 발견할 수 없다. 게임 〈팩맨〉은 전례 없는 큰 성공을 거뒀고, 여성을 게임 산업의 새로운 이용자층으로 끌어들이는 데에도 성공했다. 남녀 모두에게 사랑받을 수 있는 게임을 만들고자 했던 이와타니 토루의 의도가 통했던 것이다. 이제 게임 아케이드는 남자들만 오는 어두침침한 공간이 아니었다.

〈미스 팩맨〉 로고 이미지

'미스 팩맨'의 등장

〈팩맨〉의 성공에 힘입어 게임사 미드웨이 게임스Midway Games는 1982년 〈팩맨〉 확장판 〈미스 팩맨Ms. Pac-Man〉을 발매했다. 당시 〈미스 팩맨〉의 개발진은 기존 〈팩맨〉의 문제점으로 지적된 반복적인 게임 플레이를 개선하면서, 게임의 디자인에 변화를 주고자 팩맨의 성별을 여자로 바꾸려고 했다. 당시 개발에 참여했던 마이크 호로위츠Mike Horowitz의 표현을 빌리자면 기존의 팩맨에게 "화장을 해주었던 것(gave her lipstick)"이다. 즉 미스 팩맨은 아케이드 게임 캐비닛에 그려진 일러스트와 인-게임 그래픽상에서 팩맨과는 다른 방식으로 그려진다. 미스 팩맨은 하이힐을 신고 요염한 자세로 삐딱하게 앉아 게이머들을 내려다보거나, 속눈썹을 길게 붙이고 화장을 짙게 한 모습으로 표현되었다.

립스틱, 속눈썹, 리본, 하이힐과 같은 기호로 표현된 캐릭터가 '미스 팩맨'이 되면서 기존의 '팩맨'은 자연스럽게 '미스터 팩맨'이 되었다. 미스 팩맨이 여성을 재현한 것으로 여겨지면서 그와 비교되는 전작의 '팩맨'은 남성을 재현한 것으로 의미가 고정되어 버린 것이다. 물론 리본이나 하이힐 같은 기표記標가 '여성적' 기의記意를 가진다고 여기지 않는다면 미스 팩맨은 여성의 재현으로 간주되지 않을 수도 있다. 하지만 하이힐을 성 중립적으로 해석하는 이들이 얼마나 있겠는가. 사실 앞서 얘기했듯 팩맨의 탄생 배경을 보면 팩맨을 '남성'이라 단정하기 어렵다. 이름은 분명 '맨man'이지만, 디자이너 이와타니 토루는 디저트를 먹는 일본 여성으로부터 모티브를 가져왔다고 말할 정도로 애초에 성 정체성을 분명히 한 캐릭터는 아니었다. 그러나 많은 사람들에게 팩맨은 성 구분이 별로 중요하지 않은 중성적 캐릭터거나 아니면 남성으로 받아졌을 것이다. 빠르게 왔다 갔다 하면서 먹이를 와구와구 먹어대는 캐릭터가 여성이라니! 팩맨을 여성으로 간주한 이는 아마 없었을 것이다.

캐릭터 성별의 반전

1986년 출시된, 외계 행성을 배경으로 하는 〈메트로이드Metroid〉는 이 같은 믿음을 이용해 게임의 결말에 반전 요소를 부여했다. 플레이어 캐릭터 '사무스 아란'은 넓은 어깨가 강조된 커다란 보디 슈트를 입은 현상금 사냥꾼이다. 당시 대부분의 게임에서 남자 캐릭터가 주인공이었고 보디 슈트를 입은 사무스 아란이 관습적인 여성적인 기호와 크게 상관없는 외형을 하고 있었기 때문에, 게임을 플레이하는 내내 게이머들은 사무스 아란을 남자일 것으로 생각했다. 아니, 굳이 고민하지도 않았을 것이다. 아무 고민이 없다는 것은 곧 당연히 남성이라 여겼다는 의미니까. 그러나 특정 조건으로 〈메트로이드〉를 클리어하면 마지막 장면에서 사무스 아란이 보디 슈트를 벗는 엔딩을 볼 수 있는데, 이 엔딩 장면은 당시의 많은 플레이어들에게 충격을 주었다. 보디 슈트를 벗은 사무스 아란이 붉은 머리의 여성이었기 때문이다.

사실 짧은 시간 내에 클리어할수록 사무스 아란이 더 많이 벗는 엔딩을 볼 수 있는 것은, 여성의 노출을 보상으로 취급하는 전형적인 사례이다. 그럼에도 불구하고 초기 어드벤처 게임 플레이어 캐릭터 중에서 사람들의 인식에 큰 인상을 남긴 사무스 아란은 비디오 게임에 등장한 최초의 여성 캐릭터 중 하나라는 큰 의미를 갖는다.

반대로 여성적 기호로 온몸을 휘감은 채로 사람들의 믿음을 배신하는 경우도 있다. 일본 기업 캡콤CAPCOM의 격투 게임 프랜차이즈 〈스트리트 파이터Street Fighter〉 시리즈에 등장하는 캐릭터 '포이즌Poison'이 바로 그런 사례다. 〈스트리트 파이터〉 시리즈의 초기작 〈파이널 파이트Final Fighter〉

- 〈메트로이드〉의 다양한 엔딩(5시간 이상 걸려서 클리어할 때의 엔딩)
- 〈메트로이드〉의 다양한 엔딩(3~5시간 걸려서 클리어할 때의 엔딩)
- 〈메트로이드〉의 다양한 엔딩(1~3시간 걸려서 클리어할 때의 엔딩)
- 〈메트로이드〉의 다양한 엔딩(1시간 이내로 클리어할 때의 엔딩)

(1989)에서 적으로 등장하는 포이즌은 분홍색 긴 머리와 가는 허리를 가진, 겉모습은 영락없는 여성 캐릭터다. 그런데 포이즌의 성별과 관련해 오랫동안 논란이 이어져 왔다. 포이즌의 성별이 시리즈에 따라서 여성으로 표기되기도 하고 남성으로 표기되기도 했던 것이다. 게이머들이 포이즌의 성별을 명확히 대답해 주기를 요구하자 프로듀서 요시노리 오노小野義徳는 "포이즌은 미국에서는 성 전환 수술을 받은 트랜스젠더이고, 일본에서는 여장 남자라는 설정"이라고 대답했다. 또 다른 프로듀서 야스다 아키라는 "포이즌이 미국에서는 중성이지만 일본에서는 여성"이라고 답했다.

한 가지 설에 의하면 일본에서 출시된 〈파이널 파이트〉를 미국에서 재출시하던 당시 캡콤 US 측에서는 미국 사회 정서상 여자를 때리는 장면이 문제가 되었다고 한다. 논란의 소지를 피하기 위해, 원래는 여성 캐릭터로 설정되었던 포이즌을 남성으로 표기해 MTFMale To Female(트랜스젠더 여성)라는 설정으로 변경했다는 어처구니없는 이야기이다. (그렇다면 트랜스젠더 여성은 때려도 된다는 말인가?) 한편 이러한 소문은 포이즌의 초기 설정화에 트랜스젠더를 뜻하는 단어인 뉴하프ニューハーフ가 적혀 있었다는

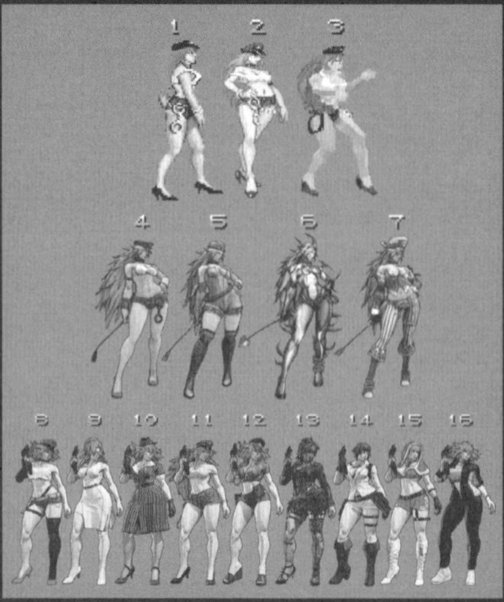

• 다양한 버전의 포이즌
(출처: 레딧; http://www. reddit.com/r/StreetFighter/comments/ldf22g/pick_your_poison/)

: 〈스트리트파이터 5〉 플레이 화면 캡처

것이 발견되면서 포이즌이 캐릭터 기획 단계에서부터 트랜스젠더인 설정이었다는 것이 정설로 여겨진다.

가장 최근작인 〈스트리트파이터 5〉(2016)에서 공식적으로 밝힌 포이즌의 성별은 '불명(unknown)'이다. 2012년 발매된 〈스트리트파이터×철권〉의 공식 홈페이지에도 포이즌을 소개하는 마지막 문장에는 "그녀는 좋은 몸매를 가진 여성처럼 보이지만, 겉모습만 믿어서는 안 됩니다!(looks can be deceiving)"라고 적혀 있다. 애매모호한 성별 정체성이 그녀의 캐릭터성이 된 것이다. 겉모습만 믿어서도 안 되겠지만, 겉모습과 무관하게 '당연히' 남성이라고 간주하는 것도 이상한 일이다. 시각적인 성별 기호가 없는 팩맨은 어느 날 남성이 돼버렸고, 누가 봐도 여성 같던 포이즌은 성별이 불분명해졌다. 당신은 게임 캐릭터의 성별을 어떻게 판별하는가?

07 슈퍼 마리오의 공주 구조 계획

마리오의 탄생 비화

〈슈퍼 마리오〉는 1985년 탄생해서 지금까지 전 세계의 많은 이들에게 사랑을 받고 있는 닌텐도 게임 시리즈다. 게임의 목표는 괴물에게 붙잡힌 공주님을 찾아 구하는 것. 주인공 '마리오'는 온갖 방해물들을 피하거나 이겨서 악당 '쿠파'를 물리치고 '피치' 공주를 구해야 한다. 콧수염을 기르고 모자를 쓴, 작고 통통한 이탈리아계 배관공 마리오는 40년 가까이 닌텐도의 대표적 캐릭터로 명성을 유지하고 있다. 2016년 리우데자네이루 올림픽 폐회식에서는 차기 올림픽 주최지인 일본의 아베 신조 총리가 슈퍼 마리오 분장을 하고 나타나 2020년 도쿄 하계 올림픽 개최를 홍보했을 정도다.

주인공 마리오가 처음부터 이탈리아계 미국인 배관공으

로 고안된 것은 아니다. 만약 소설이었다면 작가가 머릿속에 그린 주인공의 성격과 나이, 생김새가 정해지면 수정될 여지가 별로 없을 것이다. 게임은 다르다. 개입하는 기술도 많고 참여하는 사람도 많다. 때로는 환경이 서사를 바꾸기도 한다. 예를 들어 마리오의 모습은 1980년대의 컴퓨터 그래픽 기술과 밀접한 관련이 있다. 그래픽 기술이 뛰어나지 않았기 때문에 히어로의 얼굴은 기획자 맘껏 그려낼 수가 없었다. 낮은 해상도에서 개성 있는 모습을 묘사하다 보니 무성한 수염과 큰 코가 나왔다고 한다. 머리카락을 정밀하게 묘사하기 어려웠기 때문에 모자를 씌웠고, 게임의 어두운 배경 속에서 히어로가 도드라지게 하기 위해 붉은색 옷을 입혔다.

이름도 우연히 정해졌다. 처음 기획할 때의 이름은 점프맨Jumpman이다. 닌텐도는 특별한 이름을 붙여 장기적인 캐릭터로 발전시키자는 아이디어를 냈다. 일본 만화의 전통을 차용한 것이다. 그러던 중 미국 워싱턴 주에 있던 닌텐도 본사가 임대료 문제로 건물주와 다투는 일이 생겼다. 건물주는 닌텐도 사를 방문해서 밀린 월세를 내라는 요구를 했는데, 그의 이름이 마리오 시게일Mario Segale이었다. 건물주가 사무실을 나선 후 개발자들은 그의 얼굴이 점프맨과

〈슈퍼 마리오〉의 주인공 '마리오'를 코스프레한 아베 신조 전 일본 총리
(출처: 서울신문: https://www.seoul.co.kr/news/newsView.php?id=20160825031009)

비슷하다며 그의 이름 마리오를 갖다 쓰기로 한다. 건물주를 기념하기 위한 명명이었다고 해명하긴 했지만, 그를 존경해서 그랬던 것은 결코 아니었다.

기획 단계에서 마리오는 목수였다. 북미 소비자들이 쉽게 친근감을 느끼는 직업을 선택했다고 한다. 그러다가 지하의 파이프를 휘젓고 다닌다는 내용을 고려해 배관공으로 직업도 바뀌었다. 이탈리아계 미국인이 된 것은 아무런 논리적 개연성이 없었다. 창작자 시게루 미야모토Shigeru Miyamoto가 "주인공을 뉴욕에 사는 이탈리아인으로 하자. 별다른 이유는 없다."고 말하면서 확정되었다.

공주 구출 작전, 게임 서사의 고전이 되다

몇 가지 우연이 겹쳐 만들어진 마리오가 어느덧 총리가 코스프레를 할 만큼 일본을 대표하는 캐릭터로 성장했지만, 게임 내용은 우연보다 관습과 고정 관념의 힘이 더 크게 작용했다. 너무나 당연해서 아무도 의문을 제기하지 않았던 스토리의 중심 뼈대 얘기다. 시리즈 내 버전도 파생 게임도 많은 데다가 플랫폼에 따른 차이도 있어서 같은 '슈퍼 마리오' 제목을 가졌어도 게임 내용은 다른 경우가 잦다. 하지만 모두 플랫폼 액션 게임이라는 점과 "이탈리아계 남성 마리오가 위험에 빠진 공주를 구한다."는 게임 서사는 거의 유사하다.

〈슈퍼 마리오〉의 공주 구조 서사는 남성 영웅이 무기력하고 수동적인 (게다가 젊고 예쁜) 여성을 구하는 전통적인 민담의 얼개를 반복한다. 게임 내내 공주는 갇혀 있다. 자신의 운명을 주체적으로 설계하거나 위기를 극복하는 존재가 아니다. 구원을 기다리는 연약한 존재다. 마리오와 피치 공주의 역할 설정은 게임의 초기 역사에서 남성 중심적 서사가 아무런 문제 제기 없이 무비판적으로 수용된 대표적 사례로 꼽힌다.

예를 들어 게임 연구자인 트레파니에르-죠뱅Gabrielle Trepanier-Jobin 퀘벡대학 교수는 〈슈퍼 마리오〉 서사가 여성이 의존적이고 무력할 때 더 바람직하다는 메시지를 내포한다고 주장한다. 나아가 버섯왕국을 정복하거나 구하려는 남성들에 의해 피치 공주가 납치되거나 구출된다는 사실 또한 여성을 전리품이자 동맹을 위한 교환품으로 보는 시각의 연장이다. 이는 자본주의 사회에서 남성이 상인의 역할을 하고, 여성은 상품의 역할을 하는 거래 시스템에 거래한다는 페미니스트 철학자 뤼스 이리가레이Luce Irigaray의 분석과도 공명한다. 거래 대상이 되는 여성의 가치는 남성이 필요로 하고 욕망하는 여성의 아름다움과 생식 능력에 달려 있다는 것이다. 이러한 거래 시스템 내에서 여성은 자신의 신체와 가치를 박탈당하며 한 남성에서 다른 남성으로 순환하는 경쟁의 대상으로 전락하게 된다.

1980년대의 젠더 인식이나 게임의 매체적 특성을 고려하면 남성 중심적인 서사를 용인할 만하다는 의견도 있다. 하지만 트레파니에르-죠뱅의 분석에 따르면, 〈슈퍼 마리오〉 시리즈가 진행될수록 피치 공주의 재현 방식은 오히려 점점 더 고정 관념을 강화하는 방향으로 나아갔다. 1988년 버전 〈슈퍼 마리오 형제 3〉에서 공주는 마냥 수동적이진 않았다. 자신을 구하러 온 마리오에게 농담을 하기도 하고, 손조차 잡지 않는다. 이 둘이 짝지어진다는 힌트도 제공되지 않는다. 하지만 1990년 버전 〈슈퍼 마리오 월드〉에서는 공주가 적극적으로 도움을 요청하고, 승리한 마리오의 볼에 키스를 한다. 배경에 하트 모양의 폭죽이 터지는 것은 이 둘이 연인이 되었음을 암시한다. 2007년과 2010년 버전인 〈슈퍼 마리오 갤럭시 1, 2〉에서는 공주가 전리품이나 상품으로 간주되는 경향이 더욱 짙어진다.

악당을 물리치는 영웅 서사의 이면

〈슈퍼 마리오〉의 공주 구출 작전은 게임의 표준으로 자리잡았다. '곤경에 처한 소녀' 이미지는 이후 비디오 게임에서 가장 널리 활용되는 고정 관념 중 하나가 되었다. 다소 진부한 이야기일 수 있겠으나, 이 고정 관념의 반복적 활용은 게이머의 가부장적 태도를 고정시키는 작용을 한다. 여성이 남성보다 생물학적으로 약하다는 믿음, 위기에 직면했을 때 남성은 반드시 용감하게 여성을 보호하는 것이 자연스러운 의무라는 믿음을 강화할 가능성이 높다.

의문은 남는다. 만약 〈슈퍼 마리오〉 시리즈가 지독한 남성 우월적 메시지를 강조해 왔다면 어떻게 그 오랜 기간 동안 많은 남녀노소 유저들의 사랑을 받을 수 있었을까? 우선 게이머들은 조이스틱이나 컨트롤러를 조작하면서 온갖 난관을 이기고 결국 스테이지를 클리어하는 데에 정신이 팔려 있지 자신이 '마초' 히어로가 되어 연약한 공주를 구한다고 인식하지는 않는다는 주장이 있다. 게임 플레이가 즐거움을 얻기 위한 행위라면, 악당의 공격을 성공적으로 피하고 동전을 먹어 점수를 올리고 깃발을 정복하는 즐거움이 '성공적인 공주 구출'의 성취감보다 더 클 것이라는 의미다. 하지만 반대로, 게임에서는 유저가 관찰자(관객)

가 아니라 참여자(조종사)이기 때문에 화면 속 주인공과 더 쉽게 동일시를 한다는 주장도 있다. 영웅이 공주를 구하고 사랑에 빠지는 영화의 관객은 카메라를 통해서 간접적으로 영웅과 동일시를 하지만, 〈슈퍼 마리오〉를 플레이하는 게이머는 마리오를 자신의 분신이라 생각하며 쿠파와 싸우고, 승리해서 공주를 구출하는 주체도 자기 자신이라 생각한다는 것이다. 구출이라기보다는 쟁취에 가깝다. (남성) 게이머는 여성을 보상으로 받는다. 내가 애써서 받은 보상이기 때문에 가부장적 서사 구조는 의심의 여지가 없는 기본적 토대로 기능한다. 분명한 인식이 없다고 해서 효과까지 없는 것은 아니다.

관습적 서사를 뒤엎는 머시니마

다른 반박도 있다. 여성 전사가 곤경에 빠진 왕을 구하는 스토리라 하더라도 〈슈퍼 마리오〉는 여전히 재미있고 여전히 사랑받았을 것이라는 주장이다. 〈슈퍼 마리오〉 시리즈가 슈팅 게임이나 스포츠 게임 등 다른 장르에 비해 여성 게이머에게도 적잖은 인기를 모았다는 점도 근거로 제시된다. 가정에 기반한 질문이라 정답을 낼 수는 없는 노릇이지만, 답변의 힌트를 패러디 영상물로부터 얻을 수 있다.

〈피치와 데이지 공주 대 마이클 잭슨〉 장면 캡처

(출처: https://www.youtube.com/watch?v=ldl1Y0As5Pc)

〈슈퍼 마리오〉를 패러디한 '머시니마machinima' 세 편을 분석한 트레파니에르-죠뱅의 연구 결과를 살펴보자.

'머시니마'는 게임 엔진을 이용해 만든 짧은 애니메이션 영상물을 일컫는다. 영화를 제작할 기술적 능력이나 재정적 자원이 없는 사람들도 게임 영상을 활용해서 자신의 아이디어를 표현할 수 있고, 패러디를 통해 게임에 내재된 고정 관념을 해체할 수도 있으며, 나아가 사용자들이 주체성을 되찾을 수 있는 방법의 일환이기도 하다. 예를 들어 〈피치와 데이지 공주 대 마이클 잭슨Princess Peach and Daisy vs. Michael Jackson〉은 제작자 미상인 5분짜리 영상물이다. 여기서는 마이클 잭슨이 악당으로 나오며, 마리오의 두 아이도 출연한다.

이 머시니마에서 피치 공주는 마리오보다도 똑똑하고 효율적으로 문제를 해결하며 동료인 데이지 공주와의 우정을 과시한다. 기존의 〈슈퍼 마리오〉에서 강요되었던 플레이 방식이나 맵 경로에 대한 순종적인 준수를 조롱한다. 피치 공주는 자신이 늘 납치를 당해 왔기 때문에 스스로를 지키는 방법을 터득했다고 말하며, 원래 게임의 마리오보다 더 강력한 전투력을 과시한다.

다른 머시니마들도 기존 〈슈퍼 마리오〉 게임의 재현 방식을 비꼬면서 대안적 재현을 시도한다. 이 패러디 영상물에서 피치 공주는 집에서 요리나 하는 현실에 대해 적극적으로 항의하고, 자신의 성욕을 숨김없이 표출한다.

물론 이 머시니마들도 일정한 한계와 문제점들을 내포한다. 자식에게 헌신하는 어머니의 이미지를 강화하는 면이 있고, 여전히 여성의 몸을 보상 수단으로 전제하거나 남성의 정력을 신화화해 동성애 혐오적인 농담을 활용한다는 문제도 안고 있다. 성별 역할에 대한 〈슈퍼 마리오〉 게임의 전제를 전복하느라 다른 고정 관념을 강화하는 상황이 생긴 것이다. 그럼에도 머시니마를 〈슈퍼 마리오〉 게임을 해석하는 '힌트'라고 표현한 이유는 게임의 어떤 면이 패러디의 대상이 되었는지 찾을 수 있기 때문이다. 피치 공주가 바주카포를 쏴서 악당을 물리치는 장면은 원래 게임의 공주가 무기력하게 재현된 문제를 지적하는 것이고, 마리오의 부실한 성적 능력을 비웃는 장면은 원래 게임의 공주가 성적 대상물로 재현된 문제를 반어적으로 보여준다.

각자의 고정 관념에 던져야 할 질문

원래 질문으로 돌아가 곤경에 빠진 왕을 여성 전사가 구하는 스토리를 상상해 보자. 왕은 수동적이고 무기력하지만 성적 매력이 철철 넘쳐서 그 존재 자체가 승리에 대한 보상물이 될 수 있다는 상상. 그리고 여성 전사 마리오가 끝끝내 쿠파를 물리치고 왕을 구한 후 왕에게 키스를 한다면 어떨까. 만약 이 설정도 나름 흥미롭다고 생각한다면 왜 〈슈퍼 마리오〉 제작팀은 애초에 전통적인 가부장적 서사 구조를 고안했는지 그리고 40년 가까이 지나도록 그 서사를 변함없이 고집했는지 의문이 들지 않는가? 그러나 이 설정이 너무 작위적이고 비현실적이어서 감정 이입이 안 된다면, 그래서 게임이 재미없어진다면 우리가 얼마나 '곤경에 처한 소녀' 서사에 익숙해져 있는지, 그 관습적 이미지가 너무나 당연해서 질문조차 해본 적이 없는지 깨닫게 되지 않을까?

08 연애 시뮬레이션 게임, 히로인의 반란

미소녀 연애 시뮬레이션 게임의 갈라테이아

그리스 신화에서 아프로디테의 저주를 받은 키프로스 섬의 여자들은 나그네들에게 몸을 팔며 방탕하게 살았다. 조각가인 피그말리온은 이 천박한 여성들을 증오했고, 그러한 여성들 대신 자신이 상상하는 이상의 여인 갈라테이아를 조각해 냈다. 피그말리온이 자신의 조각상에 사랑과 애정을 쏟자 그 정성에 탄복한 아프로디테는 조각상 여인에게 생명을 불어넣어 준다. 피그말리온과 갈라테이아의 모티브는 다양한 매체에 등장한다. 각각 2014년과 2015년에 개봉한 미국 영화 〈그녀(HER)〉와 〈엑스 마키나Ex Machina〉의 남자 주인공은 여성 모습의 AI와 사랑에 빠진다. 인간이 만들어낸 인공적인 존재를 인간이 사랑하게 되는 것은 그리 이상한 일이 아닐지도 모른다. 사람이 아닌 물건에 성적인 욕망을 갖는 페티시fetish의 역사는 결코 짧지 않기 때문이다.

게임에도 많은 갈라테이아가 있다. 특히 주인공-플레이어의 잠재적 연애 상대로 등장하는 연애 어드벤처와 속칭 '미연시'(미소녀 연애 시뮬레이션)라 불리는 연애 시뮬레이션 장르 게임 히로인이 바로 그런 존재다. 기술이 발달한 현대 사회에서는 꼭 아프로디테의 신묘한 힘에 기댈 필요도 없다. 정교한 그래픽과 프로그램 언어를 통해 우리가 만든 미소녀들에게 가상의 생명을 불어넣을 수 있기 때문이다.

미소녀 연애 시뮬레이션 게임에는 플레이어-주인공이 공략할 수 있는 히로인이 여럿 등장한다. 이들은 나를 챙겨주는 옆집 소꿉친구이거나, 활달한 체육 소녀 혹은 학교에서 인기가 많은 우등생일 수도 있다. 하지만 플레이어가 히로인을 사랑하게 되는 것은 단지 이런 정형화된 캐릭터성이나 귀엽고 아름다운 외모 때문만은 아니다. 미연시의 히로인은 우리가 하는 선택에 반응한다. 정답과 오답이 있는 아주 단순한 게임 형식인 경우도 있고 게임 행위가 히로인의 호감도 수치를 상승시키거나 하락시키는 형식인 경우도 있다. 그러나 대부분의 미연시 히로인은 게임하는 '나'

에게 반응해 준다. 반응한다는 느낌은 이 게임 장르의 핵심 요소다.

반응하는 히로인, 길들여지는 게이머

HCIHuman-Computer Interaction(인간-컴퓨터 상호 작용) 연구 분야에는 "인간이 컴퓨터를 사회적 행위자로(대상으로) 여긴다."는 이론적 전제를 공유하는 경우가 많다. 인간 사이에서 통용되는 상호 작용 원리가 인간-컴퓨터 간의 상호 작용에도 적용되는 것을 보일 때, 인간인 우리가 컴퓨터를 사람처럼 여긴다고 볼 수 있다. 관련된 연구는 많다. 예를 들어 컴퓨터 프로그램이 인간에게 몇 가지의 질문을 연달아 하는 실험이 있다. 진보래 교수의 2020년 논문 내용 일부를 빌리자면, 컴퓨터가 단순히 질문만 하는 것보다 자신에 대한 정보를 먼저 제공한 후 사람에게 질문하는 상황에서 사람이 더 솔직한 답변을 하는 경향이 있다고 한다. 단순히 컴퓨터가 "네 외모에서 마음에 들지 않는 부분이 있어?"라고 질문하기보다 "나는 다른 컴퓨터와 전혀 구분이 되지 않게 생긴 것이 불만이야. 너는 네 외모에서 마음에 들지 않는 부분이 있어?"라고 물어봐야 더 솔직하게 대답을 한다는 것이다. 게임을 하는 사람들에게 로봇으로부터 조언을 받도록 한 실험 연구도 있다. 로봇의 조언이 도움이 되었던 사람들과 그렇지 않은 사람들을 비교했을 때, 전자가 로봇의 부탁을 들어주는 비율이 높았다.

비밀을 털어놓은 사람에게 나도 솔직하게 대하고, 도움을 받은 상대에게 보답을 하는 것과 마찬가지로 인간이 컴퓨터에게도 호혜성을 보이는 것이다. 그렇다면 남자 주인공(게이머)에게 거의 무조건적인 애정으로 보답하는 히로인에게 게이머가 정서적 연결감을 가지게 되는 것은 당연한 일이 아닐까? 히로인이 게이머에게 반응하는 것이 미연시 게임의 핵심이라는 주장의 이유이다.

한편 많은 미소녀 연애 시뮬레이션 게임과 연애 어드벤처 게임에서는 히로인과의 관계의 목표로 섹스 장면, 속칭 'H신'을 제공한다. 이런 이유로 미연시는 여성에 대한 대상화나 성적 착취라는 비판에서 자유롭지 못하다. 비판은 주로 두 가지 방향으로 전개된다. 하나는 미연시의 히로인이 남성 수요자들이 선호하는 방식으로 정형화되고 성적인 방식으로 재현되고 있다는 점이고, 다른 하나는 히로인이 게임의 공략 대상으로서 순종적이고 복종적인 존재로서 그려진다는 점이다. 다시 말해 첫 번째는 앞에서 이야기한 여성 '재현'에 대한 비판이고, 두 번째는 플레이를 통해 남성 게이머들이 '학습하는(학습하게 될 개연성이 큰) 태도'에 대한 비판이다. 게임 속 순종적인 여성의 모습을 본 남성들이 그러한 태도를 현실의 여성들에게 적용해 성에 대한 왜곡된 인식이나 성범죄를 증가시킬 것이라는 주장인 것이다.

이는 포르노 관련 논쟁과 유사하다. 오늘날에는 포르노가 여성에 대한 성인식을 왜곡시키며 폭력성을 높인다는 연구 결과와 포르노가 오히려 성범죄를 감소시킨다는 상반된 연구 결과가 모두 존재한다. 개인이 하루에도 수많은 다양한 매체에 노출되는 현대 사회의 특성상 어느 한 매체와 성범죄 사이의 상관관계를 설득력 있게 규명하는 것은 매우 어려운 일이기도 하다.

〈장애소녀〉가 보여주는 새로운 히로인

그런데 여기, 전형적인 미연시 히로인과는 전혀 다른 인물들이 있다. '재현'도 다르고 '게이머의 태도'도 다르다. 무엇이 어떻게 다르고, 그 다름의 의미는 무엇일까?

동인 집단 '포 리프 스튜디오Four Leaf Studios'가 5년 동안 개발해 2012년 무료로 배포한 〈장애소녀(Katawa Shoujo)〉라는 게임이 있다. 남자 주인공은 선천적인 심장 장애가 발견돼 가상의 장애 아동 학교인 야마쿠 고등학교로 전학을 가고, 새로운 학교에서 다섯 명의 히로인을 만난다. '에미'는 다리가 무릎 아래로 절단된 쾌활하고 밝은 소녀이고, 자신의 의족을 오히려 새로운 가능성이라고 본다. '하나코'는 어릴 때의 화재로 인해 반신에 화상을 입었는데 외상 후 스트레스 장애로 사람들을 기피한다. '릴리'는 태어날 때부터 눈이 안 보였지만 성실한 반장이고, '린'은 선천적 기형과 수술로 팔이 거의 남아 있지 않지만 철학적인 면모를 보이는 미술가이다. '시즈네'는 듣지도 말하지도 못하지만 줄곧 학급 반장을 맡아왔을 정도로 천성적인 리더다. 이렇게 신체 장애를 안고 있는 히로인들은 분명 전형적인 미연시 히로인은 아니다.

〈장애소녀〉는 히로인들이 장애를 극복하는 내용으로 채워져 있지는 않다. 사실 대부분의 히로인은 남주인공을 만나기 전에 이미 자신의 장애에 대해 물리적·심리적으로 적응한 상태이며, 그들이 겪게 되는 사건들은 그들의 장애와 관련은 있지만 전적으로 그에 대한 것만은 아니기 때문이다. 가령 린은 사람들이 자신의 그림을 이해하는 대신 자신의 장애에만 관심을 가진다는 점 때문에 괴로워한다. 에미는 의족으로도 빠르게 달릴 수 있는 자신에 대해 자부심을

〈장애소녀〉 플레이 화면

가지고 있지만, 아버지를 사고로 잃었던 두려움 때문에 사람들에게 마음의 벽을 친다. 히로인 중 가장 우울함을 표출하는 하나코는 플레이어가 그녀를 과보호하는 선택지를 고를 경우 자괴감과 분노를 쏟아내며, 이는 주인공과 하나코의 관계가 파탄 나는 엔딩으로 이어진다.

미연시 문법을 뒤트는 〈당신과 그녀와 그녀의 사랑〉

그다지 순종적이지 않은 히로인도 있다. 조지 버너드 쇼의 희곡 『피그말리온』의 결말에서 여주인공 '일라이자'는 그녀를 고상한 여인으로 만든 '히긴스'를 떠나 다른 남자와 결혼한다(『피그말리온』을 원작으로 하는 영화 〈마이 페어 레이디My Fair Lady〉(1964)와는 다른 결말이다). 그러니 조각상과 미소녀에 생명을 불어넣을 때 한 가지 조심해야 할 점이 있다. 살아난 미소녀가 플레이어를 사랑할 수도 있지만 미워할 수도 있고 혹은 애증이 깊을 수도 있다는 점이다.

〈장애소녀〉처럼 연애 시뮬레이션 게임의 장르는 보통 여러 명의 히로인 중 한 명을 선택하는 형식을 취한다. 플레이어는 세이브와 로드를 통해 과거의 선택지를 취소하고 중간에서부터 다시 시작할 수도 있다. 이런 과정이 반복

포 리프 스튜디오가 웹사이트에 공개한 〈장애소녀〉 히로인들의 초기 디자인

(출처: https://www.katawa-shoujo.com/)

되면서 플레이어는 여러 명의 히로인과 나눈 추억을 이미지 커트 신의 형태로 수집하게 된다. 그런데 미연시 게임 〈당신과 그녀와 그녀의 사랑君と彼女と彼女の恋〉에서는 히로인 수집이 불가능하다. 플레이어는 두 명의 히로인 '미유키'와 '아오이' 중 단 한 명만 연인으로 삼을 수 있다. 플레이어가 세이브와 로드를 통해 자신의 선택을 되돌리려고 해도 미유키가 플레이어의 세이브 파일을 마음대로 삭제하거나 보이스 오버를 통해 "네 맘대로 할 수 없다."고 말하며 막는다. 플레이어가 미유키와의 해피 엔딩 결말을 본 다음 아오이와의 애정도를 쌓으려고 하면 미유키가 주인공 뒤에 있는 플레이어인 '당신'을 직접 지목하며 분노한다.

〈당신과 그녀와 그녀의 사랑〉의 결말에서 플레이어가 한 명의 히로인을 최종적으로 선택한다면 선택받지 못한 다른 히로인과 관련된 그래픽, 음성 파일 및 세이브 파일은 전부 사라진다. 설상가상으로 게임의 타이틀도 〈당신과 그녀의 사랑〉으로 바뀐다. 미소녀 연애 시뮬레이션이지만 여러 히로인을 '수집'하는 것이 원천적으로 금지되어 있는 것이다. 이런 점에서 〈당신과 그녀와 그녀의 사랑〉은 플레이어가 절대적인 위치에서 히로인들을 공략하고 수집하는 미소녀 연

〈당신과 그녀와 그녀의 사랑〉 플레이 화면

애 시뮬레이션 장르 문법을 뒤트는 시도인 셈이다.

관습의 전복, 〈얀데레 시뮬레이터〉

잔인하고 엽기적인 내용으로 유명한 〈얀데레 시뮬레이터 Yandere Simulator〉는 1인 개발자 얀데레 데브Yandere Dev가 후원금을 모아 만드는 미완성 게임이다. '얀데레'란 병들다는 뜻의 얀데루病んでる와 수줍어하는 모습을 표현하는 데레데레でれでれ의 합성어로, 사랑하는 사람에게 병적으로 집착하는 인물이나 캐릭터를 지칭한다. 〈얀데레 시뮬레이터〉는 전통적인 미소녀 연애 시뮬레이션 '선배-군'을 쟁취하기 위해 여러 명의 히로인들이 경쟁하는 구도를 빌려온다. 그러나 이 게임은 전통적인 연애 시뮬레이션 게임과 중요한 차이가 하나 있다. 플레이어는 상황의 주인공인 '선배-군'을 조종하는 것이 아니라 히로인 중 한 명인 '얀데레-양'을 움직이도록 설계된 점이다.

선배-군을 짝사랑하는 얀데레-양은 선배-군에게 잘 보여 선택받으려 하지 않는다. 대신 선배-군을 좋아하는 다른 여자들(경쟁자)을 몰래 처리함으로써 자신의 사랑을 쟁취하고자 한다. 플레이어는 다양한 방법을 통해 방해되는 사람들을 없앨 수 있는데, 날붙이를 이용해 살인한 뒤

〈얀데레 시뮬레이터〉 공식 이미지

(출처: https://yanderesimulator.com)

시체를 은폐할 수도 있고, 실수를 가장해 감전사시키거나 마취시킬 수도 있다. 상대방의 약점을 찾아낸 뒤 협박하거나 왕따를 주도해 학교에서 쫓아낼 수도 있다. 그런데 이때 얀데레-양이 피를 묻히고 있는 모습을 보이거나 수상한 행동을 하는 것을 선배-군에게 들킬 경우 '게임 오버'가 된다. 게임 플레이를 이어갈수록 선배-군은 플레이어들의 관심 밖으로 멀어지게 되는 셈이다. 오히려 선배-군은 잔인하고 엽기적인 행위를 통해 즐거움을 얻으려는 플레이어의 방해물로 전락한다.

고정 관념을 거부하는 '히로인의 반란'

〈당신과 그녀와 그녀의 사랑〉과 〈얀데레 시뮬레이터〉는 여성 히로인을 향한 노골적이고 성적인 장면이나 여성 캐릭터를 잔혹하고 엽기적인 방식으로 살해한다는 점에서 '정치적으로 올바른' 게임이라고 하기는 어렵지만, 게이머들이 당연하다고 생각해 온 관습에 질문을 던진다는 점에서 의의가 크다. 미유키가 플레이어의 세이브와 행동을 가로막고, 선배-군이 얀데레-양의 간접적인 피해자가 되는 등 〈당신과 그녀와 그녀의 사랑〉과 〈얀데레 시뮬레이터〉에서 남자 주인공의 역할은 보통의 연애 시뮬레이션 게임과는 뭔가 다르다. 게임 속 여자 주인공들도 일반적으로 예상 가능한 '미소녀 히로인'과는 많이 다르다. 그렇다면 우리가 남녀 주인공에 대해 막연한 고정 관념을 가지고 있었던 것은 아닐지 의심해 봐야 한다.

어떤 재현 방식이 상당히 익숙하다고 느낀다면 그것은 현실 모습과 최대한 가깝기 때문만은 아니다. 어쩌면 그 반대로 이미 만들어진 콘텐츠, 즉 소설과 영화, 만화와 드라마 그리고 게임에서 묘사되어 있는 방식을 가상 속이 아닌 현실의 모습이라 착각하고 있을 수도 있다. 물론 게임 속 재현이 현실 모습과 정반대라든지, 아무 상관도 없다고 치부하는 것은 무책임한 해석이다. 그러나 캐릭터를 만드는 과정에서 다소 불가피할 수도 있는 '정형화'가 위험한 이유는 현실의 다양한 군상의 미묘한 차이를 모두 제거하고 한 가지 모습만을 대표로 보여주기 때문이다. 나머지 모습은 비정상적이거나 주변적인 존재가 되어버린다. 가끔씩은, 아니 종종 히로인의 반란을 반겨야 하는 이유이다.

09 게임 속 여성이 늘고 있다

게임 내 여성 재현의 양적 증가

여성 인권 운동가이자 미디어 비평가인 아니타 사키시안 Anita Sarkeesian과 캐롤린 프티Carolyn Petit는 2019년과 2021년 두 번에 걸쳐 IT 매거진 『와이어드Wired』에 같은 주제의 칼럼을 기고했다. 제목의 변화가 흥미롭다. 2019년 글의 제목은 '게임 내 여성 재현 문제는 개선되고 있지 않다(Female Representation in Videogames Isn't Getting Any Better)'였고, 두 번째 글 제목은 '올해, 더 많은 게임이 여성(캐릭터)을 주인공으로 삼았다. 이 추세는 지속될 것인가?(More Video Games Featured Women This Year. Will It Last?)'였다. 제목만 봐도 알 수 있다. 게임 내 여성의 재현은 분명 양적으로 증가하고 있다.

전 세계 주요 게임사는 매년 6월 미국 로스앤젤레스에

서 열리는 〈전자오락 박람회(Electronic Entertainment Expo)〉에서 새로 출시되는 게임을 선보이고 각국의 관련 기업, 언론, 정책 입안자 등과 교류한다. 흔히 'E3'로 불리는 이 행사는 게임업체들에게 질적, 양적으로 가장 크고 중요한 행사이기 때문에 매년 회사의 총력을 다해 행사를 준비한다. 사키시안과 프티가 쓴 칼럼은 이 E3에서 수집한 자료에 근거하여 작성된 것이다.

여성 캐릭터의 양적 증가의 이면

2015년의 E3는 여성 파워가 돋보였던 행사였다. 마이크로소프트는 여성을 주인공으로 하는 게임 〈르코어ReCore〉를 발표했고, EA는 〈피파 온라인FIFA OnLine〉에 여성 팀을 추가했으며, 소니는 〈호라이즌: 제로 던Horizon: Zero Dawn〉에 강력한 여성 사냥꾼 '앨로이Aloy'를 선보였다. 여성 게이머가 점점 증가하고 있지만 게임 제작사의 주요 인력과 게임 내 주요 캐릭터가 남성 일색이라고 비판하던 페미니즘 비평가들에게는 반가운 변화였다. 그러나 꼼꼼하게 따져보면 그리 큰 변화도 아니다. 2015년 E3의 주요 발표장에서 소개된 76개 게임 중 단 7편(9%)만이 여성 주인공을 내세웠다. 남성 캐릭터가 주인공인 게임은 24편이었고, 나머지는 뚜렷하게 판정할 수 없는 경우였다.

문제는 이후에도 이 숫자가 늘어나지 않았다는 것이다. 사키시안과 프티에 의하면, 2019년 여성 주인공 게임은 126개 중 6개(5%)에 불과했다. 남성 주인공 게임은 그 3배(28개)가 넘는다. 그나마 〈파이널 판타지Final Fantasy 8〉, 〈드래곤 퀘스트Dragon Quest 11〉처럼 게이머가 성별을 선택할 수 있는 게임을 제외한 결과인데, 이런 게임의 플레이어들이 대부분 남성적 캐릭터를 선택한다는 점을 고려하면 게임 속 남성의 비중은 훨씬 늘어날 것이다. 여성 주인공 중심의 게임이라 해도 그가 어떻게 재현되는지는 또 다른 문제다. 오히려 남성 이성애자 게이머가 상상하는 성적 판타지를 만족시키는 고정 관념적 이미지만 강화하는 경우도 많기 때문이다.

2020년 E3는 예년과 많이 달랐다. 최근 몇 년 사이 많은 게임사들이 신작을 발표할 때 연중 수시로 온라인 영상 프레젠테이션을 하는 경향이 강해져 E3의 위상이 떨어지는 추세였고, 코로나19 팬데믹의 파고까지 높아지다 보니 E3를 통해 트렌드를 파악하는 일은 거의 불가능했다. 그래서 사키시안과 프티는 E3 대신 2020년 6월 11일부터 석 달간 발표된 신작 온라인 프레젠테이션 내용을 분석했다.

이 기간 동안 소니와 유비소프트가 각각 두 번씩, EA와 마이크로소프트가 각각 한 번씩 영상 프레젠테이션을 진행했다.

게임 내 여성 캐릭터의 비율은 크게 올랐다. 직전 조사에서 5%에 그쳤던 여성 주인공 게임이 이번에는 18%로 급등했다. 남성 주인공 게임(23%)과 큰 차이가 없었을 정도였다. 물론 다른 환경의 다른 행사를 비교해 변화의 경향성을 찾으려는 시도가 사회과학적으로 엄밀성을 가지고 있는 것은 아니다. 그런데 왜 사키시안과 프티는 여성 캐릭터의 약진이 지속 가능한 경향이라 확신하지는 못했을까? 소니의 플레이스테이션5 발표회가 조사 대상에 포함됐기 때문이다. 전체 여성 캐릭터의 3분의 2 이상이 이 단일 이벤트에서 등장했다. 이 행사를 제외하면 여성 캐릭터의 비중은 결코 늘었다고 보기 어려웠다. 실제 일어나고 있는 거시적 변화가 아니라 반짝 생긴 예외적 경우일 수도 있다는 것이다. 그 이전 5~6년 동안 가시적인 변화를 발견하기 어려웠다는 점을 고려하면 더욱 그러하다.

소니는 왜 여성 캐릭터 수를 늘렸을까

시각을 좀 달리해 볼 수도 있다. 플레이스테이션5 발표회에 주목한다면, 아마도 "왜?"라는 질문을 할 수 있을 것이다. 왜 소니는 갑자기 여성 캐릭터 수를 늘렸을까? 소니는 플레이스테이션의 잠재 고객 중 여성의 비율이 높을 것으로 예상하고, 그들이 좋아할 만한 게임을 만들었다고 한다. 소니의 판단과 전략이 옳다면 사키시안과 프티가 발견한 변화가 오히려 지속 가능한 경향일 수도 있음을 의미한다. 실제 여성이 콘솔과 게임 타이틀을 더 많이 구입하고, 게임사는 이에 힘입어 더 많은 여성 캐릭터를 선보이고, 이는 다시 게임 내 여성 소비자의 확대로 이어지는 선순환을 기대할 수 있기 때문이다. 콘솔 게임업계 1위 사업자가 여성 소비자를 중시하기 시작한다면 경쟁사들 역시 유사한 전략을 펼칠 가능성도 높다.

하지만 반대의 가정도 가능하다. 여성 캐릭터가 늘어나는 것을 과연 (남성은 물론이거니와) 여성 게이머들이 환영할까? 익숙하지 않다는 이유로 더 싫어할 수도 있지 않을까? 여성 캐릭터가 늘어나긴 했지만 대부분이 대상화된 이미지라면? 선정적이고 관음적 시선의 대상이 되는 캐릭터가 늘어난다고 그것을 바람직한 변화라고 볼 수는 없지 않은가? 혹은 '페미니스트 캐릭터'가 늘어나는 것을 질색하는 '진성' 게이머들의 반발로 인해 선순환의 고리가 툭

끊어질 가능성은 없을까?

여성 유저의 증가가 가져온 게임 캐릭터의 변화

모바일 게임 〈쿠키런: 킹덤Cookierun: Kingdom〉은 쿠키들을 수집하고 성장해 전투하는 '수집형 RPG' 장르 게임이다. 쿠키마다 각각의 특성이 있는데, 5명으로 부대를 편성해 전투를 실행한다. 이들을 성장시키는 것이 중요한, 자동 전투형 게임이다. 그런데 그동안 출시된 쿠키들의 정보를 보면 남녀 성비가 거의 동일한 것을 알 수 있다. 신규 쿠키를 업데이트할 때에도 마찬가지인데, 2개의 쿠키가 새로 출시되면 십중팔구 남성과 여성 쿠키가 하나씩이다. 남성이 두 개 출시되면 다음 업데이트에서 여성이 두 개 출시된다. 이 같은 기획이 가능한 이유 중 하나가 여성 게이머 비중이 높기 때문이다. 조사 시점이나 조사 기관에 따라 약간씩의 차이는 있지만 〈쿠키런: 킹덤〉 유저의 과반수가 여성이다. 여성 게이머 비율이 59%라는 결과가 발표된 적도 있고, 특히 20대 여성의 비율이 27.7%로 집계된 적도 있다. 여성 캐릭터 수를 대폭 늘린 소니의 전략과 다르지 않다.

캐릭터의 성별만 중립적인 것은 아니다. 〈쿠키런: 킹

덤〉 속 쿠키들의 외형 역시 비교적 젠더 중립적이다. 아포가토맛 쿠키는 외형적으로 봤을 땐 여성적인 이미지이나 실제로는 남성 캐릭터이고, 에클레어맛 쿠키도 긴 머리에 치마를 입고 있지만 남성 학자 캐릭터로 디자인되었다. 캐릭터의 목소리 기능을 끄거나 성별을 검색해 보지 않은 게이머는 쿠키의 성별을 쉽게 알아채기 어렵다. 주요 대사도 특별히 남성적이거나 여성적인 고정 관념에서 벗어나 있다. 여성인 흑당맛 쿠키는 "달빛을 벗 삼아 산을 오르내리며 무예를 닦았지요."와 같은 대사를 하고, 홀리베리 왕국의 공주 홀리베리 쿠키는 "모두 내 뒤로 붙어. 내가 앞장선다!"라고 포효하는 용맹스러운 성격의 탱커 캐릭터다.

그러나 대부분의 게임에서는 아직 캐릭터의 성별이 게이머의 성별을 비슷하게 반영하고 있지 못하다. 숫자의 문제만도 아니다. 고정 관념의 반복 재생산도 여전하다. 여성 캐릭터의 수가 늘고 있는 것은 분명하지만, 사키시안과 프티가 "이 추세는 지속될 것인가?"라는 의문문으로 제목을 붙였다는 것은 매우 시사적이다.

여성 캐릭터 재현의 확대와 다양화를 기대하며

사고 실험을 해보면 어떨까? 게임을 영화나 텔레비전 드라마로, 캐릭터를 등장인물로, 여성을 비백인(유색 인종)으로 환유해서 역사를 상상해 보는 것이다. 영화나 텔레비전의 아주 초기 시절에는 흑인이 주인공으로 나오는 경우를 상상할 수 없었고, 동양인이 극 중 중요한 역할을 맡는 사례는 비교적 최근까지도 거의 없었다. 20세기 중후반의 할리우드 영화는 중국인을 신비의 무술 능력을 가진 존재로, 일본인을 돈은 많지만 세련되지 못한 존재로 그리기 일쑤였고, 한국인은 아예 찾아볼 수 없었다. 이제는 상황이 많이 바뀌었다. 처음에는 익숙하지 않은 모습이었겠지만, 반복되면서 자연스러워졌다. 세계 시장을 겨냥한 할리우드의 상업적 전략이라고 폄훼하는 사람도 있고 전 지구화가 이루어지면서 생긴 자연스런 변화라고 덤덤해하는 사람도 있지만, 무슨 이유, 어떤 요인 때문이건 서양 영상물 속 유색 인종 재현의 확대와 다양화는 바람직한 방향의 변화다. 이제는 할리우드 영화에서 동양인을 유치한 고정 관념대로 묘사하는 경우가 드물다. 그런 영화들은 '정치적 올바름'을 따질 겨를도 없이 그냥 안이하게 만든 B급 영화 취급을 당한다.

게임 속 여성 캐릭터에 대해서도 같은 말을 할 수 있을 것이다. 그 수가 꾸준히 증가한다면, 재현의 방식이 지속적으로 다양해진다면 가까운 미래의 어느 시점에서 오늘을 돌아보며 긍정적인 변화였노라 평가하게 되지 않을까?

SECTION 3. 게임 만드는 여성

게임산업 현장의 여성 인력들

게임 산업에 종사하는 여성 인력은 얼마나 될까. 『2022 대한민국 게임백서』에 따르면 게임업계 종사자 전체의 여성 비율은 28.8%다. 전 해 조사에서 22.9%였던 것에 비하면 대폭 늘었지만 여전히 채 3분의 1이 되지 않는다. 부서장급의 경우에는 남성 비율이 80%가 넘는다는 조사 결과도 있다. 산업 내 여성 인력의 비중이 지나치게 적은 것은 분명하지만, 이보다 더 중요한 것은 업계 내부의 고정 관념이다. 게임 산업이 발달하고 성평등 의식이 높다고 평가받는 스웨덴에서조차 여성 게임 제작 노동자의 능력이 과소평가된다는 비판과 반성이 있었다. "게임을 진정으로 사랑하는 사람만이 게임을 만들 수 있다."는 이데올로기와 "여성은 진짜 게이머가 될 수 없다."는 믿음이 결합해 남성 중심의 노동 문화를 형성했다는 것이다. 2018년 발표된 연구 결과인데, 170개 게임 회사의 2,500명 종사자 가운데 여성은 16%에 불과했다. 우리나라의 상황도 크게 다르지 않다. 모바일 게임이나 캐주얼 게임 중심으로 산업 구조가 변하고 있음에도, 게임사들은 여전히 '하드코어' 게임 경험을 가진 개발자를 선호한다. 남성 중심의 인력 구조로 인해 게임사는 남성 소비자(게이머)를 염두에 둔 게임을 기획하고, 제작 과정에서는 남성 취향에 맞는 젠더 재현이 이루어지며, 결과적으로 남성 게이머 중심의 문화가 공고해지는 순환 고리가 형성된다. 이 구조가 어쩔 수 없는 현실인 건지, 아니면 너무나 당연해 보이는 이 현실이 사실은 당연한 것이 아닐 수도 있는 건지 따져보자.

01 논란의 시작, 게이머게이트

'퀸스피러시'와 마녀사냥

게임을 기획·개발하고, 유통하고, 비평하거나 보도하고, 관련 교육을 하는 사람들은 대부분 남성이다. 오랫동안 그래 왔다. 여성이 이 판에 발을 딛는 순간 예기치 않은 사건들이 벌어지곤 했다. 그 가운데 세계 게임의 역사 속에서 가장 오래 회자된 사건이 바로 '게이머게이트GamerGate'다.

2013년 여성 게임 개발자 조이 퀸Zoë Quinn은 〈디프레션 퀘스트Depression Quest〉라는 게임을 발표했다. 이 게임은 "우울증에 대한 상호 작용적인 (논)픽션"으로, 플레이어가 화면을 스크롤해 내려가며 텍스트를 읽은 후 선택지 중 하나를 클릭해 진행할 수 있었다. 일부 게이머 커뮤니티로부터 이러한 형식이 '게임'이 될 수 있냐는 비난을 받긴 했지만, 〈디프레션 퀘스트〉는 여러 게임 저널과 비평가들로부터 대체로 호의적인 평가를 받았다. 그러다가 이듬해 8월, 퀸의 전 남자 친구가 그녀의 사생활을 폭로하는 글을 퍼트리기 시작했다. '퀸스피러시Quinnspiracy'라고 불리며 화제가 된 이 글에는 퀸이 자신이 만든 게임이 좋은 평가를 받도록 비평가들에게 성 상납을 했다는 충격적인 내용도 포함되어 있었다. 거짓으로 밝혀졌지만, 그 글은 여성 게임 개발자에게 적대적이던 많은 게이머들에게 마녀사냥의 빌미를 제공했다. 퀸의 전 남자 친구는 사람들이 자신의 전 애인을 욕하길 바랐고, 결과는 그 이상이었다. 퀸의 개인 정보가 해킹됐다. 집 주소와 전화번호, 사진이 온라인에 배포됐고, 사람들은 게시판 중심의 웹사이트 '포첸4chan'과 '레딧Reddit', 트위터 등을 통해 퀸에 대한 집요한 사생활 침해와 엄청난 사이버 불링cyber bullying을 자행했다. 누드 사진이 유출되고, 각종 유언비어가 만들어져 유포되었으며, 공공연하게 강간이나 살인 협박이 이뤄지기도 했다. 트위터에는 '#Gamergate'라는 해시태그가 달린 게시물들이 타래를 만들면서 퀸이라는 개인의 문제를 넘어서 사회 문제로 불거졌다. 퀸 외에도 많은 여성 개발자나 저널리스트들이 살해 협박을 받았고, 게임과 거리가 먼 정치인이나 평론가들도 전장에 뛰어들었다.

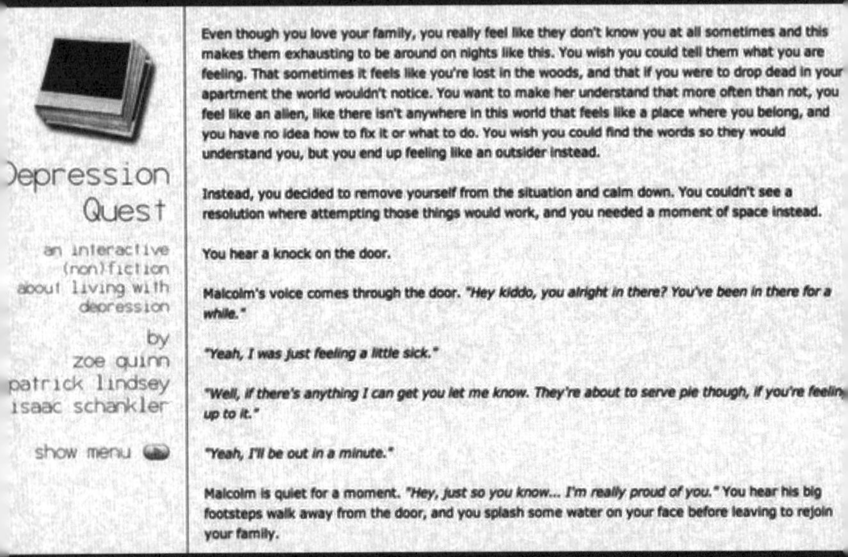

〈디프레션 퀘스트〉 플레이 화면

혐오가 진영 싸움이 되기까지

사태가 점점 커지자 흔한 사이버 폭력 사건이 어처구니없이 확대됐다고 불평을 늘어놓는 이도 적지 않았다. 물론 이렇게 생각하는 이들조차 개인 정보 유출이나 살해 협박은 좀 심했다고 보았지만. 우리나라 게임 커뮤니티에도 '게이머게이트'를 "진짜배기 남성 게임 유저들이 능력도 없고 품행에도 문제가 있던 여성 개발자와 부패한 언론계·비평계를 대상으로 싸우다가 부당하게 여성 혐오자로 몰린 사건"으로 해석하는 이들이 적지 않다. 하지만 #GamerGate 해시태그를 사용한 트윗을 분석한 연구 결과를 보면, 애초부터 이 사건은 여성 혐오적이었다. 사람들이 퀸의 전 애인이 일방적으로 주장하는 내용을 사실로 믿었다 하더라도, 자신이 개발한 게임에 대해 호의적 평가를 받기 위해 비평가를 유혹한 퀸보다는 성 상납을 받고 좋은 기사를 써준 남성 비평가·저널리스트를 더 비난해야 마땅했다. 그러나 퀸은 남성 비평가들보다 14배나 많은 비난 트윗의 타깃이 되었다. 게이머게이트는 게임판이나 저널리즘 세계의 윤리에 대한 관심보다 여성을 괴롭히는 데에 더 집중되어 있었다.

미국의 문화 비평가들은 게이머게이트 사건을 평가하면

서 "게이머는 끝났다."는 주장을 하게 된다. 게임업계가 망했다는 것을 의미하는 표현은 아니었다. 미디어 학자 댄 골딩Dan Golding이 지적한 대로, 전통적인 게이머 정체성이 몰락하고 있음을 의미한다. 골딩은 하위 문화적이고, 남성 중심적이며, 소속감 강한 게이머 정체성은 이제 더 이상 문화적으로 적절하지 않으며, 이들에게 굴복하지 말아야 한다고 주장한다. 게임 저널리스트 리 알렉산더Leigh Alexander 또한 여성과 소수 민족들이 개발자, 작가 등으로 게임 문화에 진입하면서 생기는 이런 사건들에 분노하며 시대가 변하고 있으므로 하위 문화를 정의하는 용어는 이제 끝내야 한다고 주장한다. 하지만 이런 목소리에 모든 이들이 일제히 환호를 보낸 것은 아니었다.

미국의 권위 있는 언론들이 남성 게이머들의 사이버 불링 행위를 비판한 것은 당연한 일이었지만, 그 반발로 남성우월주의자들이 등장해 드래그 퀸, 여성 게임인, 주류 언론 등을 싸잡아 비판하는 경우도 왕왕 발생했다. 이들은 '정치적 올바름'을 견지하는 주류 언론을 거부하고 대신 대안 우파 계열의 언론 매체를 지지했다. 페미니즘과 다문화주의에 거부와 공포를 느끼던 백인 우파와 손쉽게 동맹을 맺을 수 있었고, 나중에 브라이트바트 뉴스Breitbart News가 '대안 우파의 플랫폼'으로 성장하는 데에도 기여했다. 브라이트 바트 뉴스는 2016년 대통령 선거에서 트럼프 지지자들의 온라인 본부 역할을 했으니, 게이머게이트가 트럼프의 당선에까지 어느 정도 영향을 미쳤다고 볼 수 있다.

한국판 게이머게이트, 클로저스 사건

미국에서 벌어졌던 게이머게이트는 불과 몇 년 후 우리나라에서도 유사한 방식으로 벌어졌다. '메갈리아' 후원 티셔츠를 입은 사진을 SNS에 올린 성우 김자연 씨의 목소리가 게임에서 퇴출됐다. '클로저스 사건'이다. 2016년에 일어난 사건이지만, 여파는 상당히 오래갔다. 2019년 한 게임 제작업체는 공식 카페에 글을 올려 외주 일러스트 작가의 교체 사실을 공지했다. 그가 3년 전 트위터에 "#김자연성우를_지지합니다 #넥슨_보이콧"이라는 글을 올렸다는 사실을 뒤늦게 확인했다는 이유였다. 공지문에서 업체는 "사회적으로 논란의 여지가 있는 작가님들의 리스트를 먼저 찾고 그 작가님들을 제외하고 섭외를 하였는데, (…) 신중하지 못하고 선정이 된 점에 대해 대단히 죄송스러운 마음입니다."라고 밝혔다. 김자연 성우를 지지한 여성 게임 노동자의 명단이 실제로 존재하고, 업체들은 이 블랙리스트

'클로저스' 사태의 발단이 된 티셔츠

속 인력은 고용하지 않는다는 사실이 간접적으로 밝혀진 것이다. 2018년 10월에는 페미니스트라는 이유로 교체된 일러스트 작가 6명이 한국콘텐츠진흥원에 콘텐츠 불공정 행위를 신고하기도 했다. 이들 중 5명은 다음 해 2월 회사의 불공정 행위를 인정받았다.

사건 하나가 해프닝으로 끝나지 않고 오히려 게임판의 외부로 확장되고 전이되는 것도 비슷하다. 게이머게이트가 대안 우파의 득세와 트럼프의 당선으로 이어졌듯이, 우리나라 게임업계의 페미니스트 축출 운동은 20대 남성의 우파 지지 성향 강화와 보수 세력의 집권으로 이어졌다. 물론 직접적인 인과 관계를 주장하기엔 근거 자료가 부족하고 논리적 개연성도 떨어지지만. 그래도 최소한 다음과 같은 정도의 이야기는 할 수 있겠다.

첫째, 게임 생산의 장에서 활동하는 여성 노동자에 관한 논란이 벌어졌다. 이전에는 없던 일이다. 그 여파도 컸다. 왜 갑자기 '게임을 만드는 여성'에 대한 관심이 커졌을까. 이 관심이 결국 게임 문화의 최근 변화상을 상징하는 것일지도 모른다. 둘째, 미국에서 벌어졌던 사건과 유사한 사건이 한국에서도 벌어졌다. 과정과 결과도 공통점이 많다. 그렇다면 이 사건(들)의 의미는 단발적이고 파편적이라기보다 전 지구적이고 문명사적 변화를 암시한다고 해석할 수도 있다. 셋째, 무엇이 원인이고 결과인지 혹은 어떤 관련성이 있는지는 단언하기 어렵지만, 게임 세계에서 벌어진 일련의 사건들은 게임 밖 현실, 특히 정치 문화의 흐름과 단절적이지 않다. 게임을 이야기하지만, 사실 우리는 더 큰 이야기를 하고 있는 것일지도 모른다.

정치·사회적으로 확장되는 게임판의 논란들

최근 몇 년간 미국의 레딧과 포챈 같은 커뮤니티 사이트에서는 "사회적으로 옳은 척하지만 정작 진정성은 없는" 이들을 조롱하는 밈이 크게 늘었다. 조롱의 대상은 흔히 '사회 정의를 위한 전사들(SJW; Social Justice Warrior)'이라 불리는, 그들의 시각에서 볼 때 '위선적인' 진보 집단이다. 거대 게임사인 액티비전 블리자드도 단골 공격용 허수아비로 등장한다. 2021년 불거진 블리자드의 사내 성폭행 사건 때문이다. 커뮤니티 유저들은 게임 제작과 홍보에서는 가장 윤리적인 척하던 기업의 중역들이 지속적인 성희롱, 단체 스트립쇼 관람, 여성 직원에 대한 불평등한 고용 조건 등을 저질렀다며 그들의 이중성을 비난했다. 블리자드의 추문은 비난받아 마땅하지만, 이 같은 조롱은 종종 트럼프의 당선을 가능하게 했던 대안 우파의 목소리와 겹쳐지면서, 페미니즘 등 '정치적 올바름'을 주장하던 진보 세력에 대한 대항 정치 세력으로 편입된다. 돌이켜보면 게이머게이트가 확장과 반격, 변조와 적응 등을 거쳐 지금의 'SJW에 대항하는 MRMMen's Right Movement(남성 권리 운동)'으로 이어졌다고도 볼 수 있는 것이다. 우리나라의 상황도 유사하다. 국내 대표적인 남초 커뮤니티나 게임 커뮤니티에는 "최근에 '포챈'에서 이런 일들이 있었다."는 식의 게시글이 꽤 자주 발견된다. 미국 사이트의 인용 자체가 상징적 힘을 갖기도 한다. 미국 MRM의 사례는 환호를 받고, 중요한 의제가 되기도 한다. 진보 세력을 위선적이라 비판하는 정서로 귀결되는 것도 유사하다.

게이머게이트가 불거진 지 8년이 지났다. 게임 개발자에 대한 소소한 사이버 불링으로 시작했지만, 그 나비 효과는 지금까지 유효하다.

02 노동 현장의 성차별은 사라지지 않는다, 줄었을 뿐이다

세계 보편적인 게임 산업의 남초 현상

『2022 대한민국 게임백서』에 따르면 우리나라 게임 산업에 종사하는 노동자는 8만 명이 넘고 이 중 71.2%가 남성이다. 제작 및 배급 종사자만으로 한정하면 4만 5,000명가량이고 이 중 60.5%는 '개발' 관련 인력인데, 정확한 수치는 집계된 바 없지만 게임 기획, 서버 및 클라이언트 개발, 품질 관리, 엔진 개발 등 개발 파트 노동자의 90% 이상이 남성일 것으로 추산된다. 반대로 콘셉트 아트, 이용자 인터페이스, 캐릭터 콘셉트, 웹 및 그래픽 디자인, 이펙트 디자인, 애니메이션 등을 주 업무로 하는 '디자인' 파트의 경우에는 여성 노동자가 다수를 차지한다. 더구나 이 직종은 계약직 노동자나 프리랜서의 비율이 높고 대우는 상대적으로 낮은 편이다.

게임 산업에서 여성 노동자의 비율은 물론이고 대우도 낮다는 사실을 무조건 비판할 수는 없다. 산업의 특성상 개발 인력의 비중이 클 수밖에 없는데, 특히 우리나라는 관습과 교육 문화 등으로 인해 여성 개발자의 수가 적다. 또한 산업 구조가 급격하게 변화하면서 프로그래머에 대한 수요는 급증했지만 양질의 인력은 제한되어 있어 개발자에 대한 대우가 높아질 수밖에 없다. 반면 여성 인력의 비율이 상대적으로 높은 직군은 인력 대체 가능성이 높아 핵심 인력으로 인정을 받기 어려운 것이 현실이다. 이 때문에 게임 산업에서 발견되는 각종 지표상의 남녀 간 차이가 완화되기 위해서는 우리나라의 문화와 역사, 산업 구조의 변화가 선행되어야 한다. 빠른 시일 내에 해결될 수 있는 문제는 아니다. 비단 우리나라만의 문제는 아니다. 스웨덴의 게임 종사자 중 16%만이 여성이라는 조사 결과(2014년)도 있고, 영국의 게임 산업이 전적으로 남성 중심이라는 연구 결론(2015년)도 있으며, 일본 게임업계의 남녀 연봉에 유의미한 차이가 있다는 조사(2018년)도 있다.

산업 구조의 문제인가, 사회 시스템의 문제인가

하지만 지표상의 차이가 아닌 '조직 내 성차별'이라 칭할 수 있는 경우들도 많다. 국내 여성 게임 개발자의 애로에 대해 조사한 이종임의 2018년 연구에 따르면, 여성의 경우 능력이 비슷하다 하더라도 취업이 어렵고, 취업하더라도 중요한 일을 맡기 어렵다고 한다. 여자들은 '크런치 모드'로 대표되는 게임사 특유의 강도 높은 노동 환경을 잘 견디지 못한다는 인식과, 출산과 육아로 인한 노동력 저하와 경력 단절 등에 대한 우려가 이유였다. 흡연실이나 회식 장소에서 이루어지는 반半공식적 회의에도 배제되기 일쑤다. 이 같은 경향은 대기업보다는 중소기업에서 극명하게 드러난다. 여성 직원을 아예 뽑지 않는 것을 원칙으로 삼는 군소 게임 제작사도 있는 실정이다.

2018년 필자가 직접 진행했던 게임 산업 노동자에 대한 조사 연구에서도 비슷한 사례는 많이 발견됐다. 중소기업에서는 여성 인력을 채용하는 경우가 많지 않고, 입사 후에도 이직률이 높았다. 출산 및 육아 휴직 제도 역시 대형 게임사가 아니라면 완전히 정착되지 않은 실정이었다. 특히 운용 가능한 인력이 제한적인 중소 개발사의 경우에는 여성 인력이 출산이나 육아 휴직으로 자리를 비우면 남은 인력의 노동량이 늘어난다는 부담감이 있고, 여성 인력이 복귀 시 업무 및 역할 변경에 대한 불안감 때문에 적극적인 제도 활용이 어렵다는 뜻이다. 특히 모바일 게임 개발팀은 개발 기간이 짧기 때문에 출산 및 육아 휴직으로 비웠던 인력이 그 자리로 그대로 돌아오는 것은 사실상 불가능하다. 연구 과정에서 인터뷰한 여성 개발자 두 명의 증언을 그대로 옮겨보자.

"육아 휴직 기간이 한두 달이 아니잖아요. 길다 보니 갔다 오면 팀이 너무 많이 바뀌어 있고, 또 적응하기 힘드니까 거의 좀 나가는(퇴직하는) 느낌이긴 해요. 육아 휴직 하면 일할 사람을 새로 뽑거나 아니면 충원해 주는 게 현실적으로 어려워요. 6개월을 비우면 게임이 나오냐 마냐의 문제라 저희 같은 (중소기업의) 경우는 유아 휴직을 쓰기가 조금 애매하죠."

"여전히 눈치 주는 회사도 많고… 육아 휴직을 썼는데 인사팀에서 전화해 '월급 몇 달 치 줄 테니까 그냥 퇴직하라.'고 말한다는 얘기를 아직도 들어요."

한 가지 흥미로운 점은 게임 시장에서 캐주얼 게임의 비중이 크게 늘었음에도 게임사들은 여전히 '하드코어' 게이머 경험이 있는 남성 개발자를 선호한다는 점이다. 실제로 게임사의 한 중역은 스케일 크고 복잡한 게임을 잘 아는 사람이 간단한 모바일 게임도 잘 만들 수 있다고 말하기도 했다. 하지만 현장의 개발자들은 그의 말에 전적으로 동의하는 눈치는 아니었다. 시장과 주 소비층이 다르다면 생산 과정이나 생산자의 마인드도 달라야 마땅하기 때문이다. 고급 한정식 음식점의 메인 셰프라고 분식점이나 동네 중국요리점의 주방을 잘 책임지는 건 아니다. 심지어 게임 제작과 다소 거리가 있는 직군의 여성 노동자들에게도 주요 대형 게임 플레이를 강요하는 분위기가 있어서 난감한 일도 발생한다. 홍보나 대외 협력 분야의 한 게임사 여성 노동자는 하드코어 게임을 별로 즐기지 않는데도 의무적으로 배워야 한다는 압박감을 느낀다는 말을 하기도 했다. 그나마 근무 시간에는 게임을 할 수 없으니 퇴근 후 억지로 게임을 하는데, 그 시간이 마치 초과 근무하는 느낌이 든다는 하소연이었다. 방송사의 기술직군 노동자들에게 타사 드라마도 모두 챙겨 보라고 압박하는 것과 다를 게 없다.

남성적 시선이 투영된 여성 캐릭터의 재현

남성 중심적인 인력 구조는 당연히 생산물에도 영향을 미친다. 앞서 언급한 '여성 재현의 문제'는 사실 게임 기획과 제작 과정에서 남성적 시선이 강하게 투영된 결과이기도 하다. 게임 속 여성 캐릭터가 대체로 젊고 선정적인 모습이며, 순종적이고 보조적인 스테레오 타입을 강화한다는 지적은 하루 이틀 일이 아니지만, 인터뷰에 참여했던 많은 게임업계 종사자 가운데 이를 아주 심각하게 받아들이는 사람은 많지 않았다. 심지어 기획자나 개발자가 여성일지라도 인기를 끄는 캐릭터라면 성차별적 이미지를 사용하는 데에 거부감이 크지 않았다. 회사의 이익이 걸린 게임이라면 다소 찜찜하더라도 옳고 그름의 문제는 잠시 제쳐 놓아도 된다는 입장이었다. 문제는 실제로 게이머들이 '선정적인' 캐릭터를 얼마나 좋아하는지 정확한 판단 근거가 분명치 않음에도 관습과 예단에 의해 성차별적 캐릭터를 반복 생산하는 경향이 있다는 점이다. 그나마 여성 인력이 증가하면서 고착화되어 있던 관습을 재고하는 경우가 간혹 생긴다는 것은 긍정적인 변화이다.

젠더 감각이 다른 해외 게임 이용자의 요구나 퍼블리셔의 필요에 의해 개발 과정이 바뀌는 경우도 있다. 각 나라별로 게임을 출시할 때 대부분 콘텐츠를 현지에 맞게 재구성(로컬라이즈)하는 전략을 쓰는데, 북미나 유럽 시장에서는 여성 캐릭터의 노출이나 부당한 재현 등 윤리적 기준에 대해 이용자들이 민감하게 반응하기 때문에 상대적으로 더 신경 쓸 수밖에 없다. 종사자들에 따르면 해외 출시 전 해당 국가 게이머를 대상으로 집단 심층 인터뷰(FGI)를 진행해 피드백을 듣고 일러스트를 수정하는 일이 종종 있다고 한다. 하지만 국내에서는 유저들이 노출이나 성 고정 관념을 이유로 클레임을 거는 경우는 거의 없었다고 한다. 게임 제작 과정에서 성 인지 감수성을 고려해야 한다는 인식이 강해지고 있는 것도 분명한 사실이지만, 이러한 문제를 분명하게 인식하고 선도적으로 개선해 나가는 기업이 드문 것 또한 움직일 수 없는 사실이다.

여성이 개발한 게임은 젠더 중립적일까

여성들이 주도적으로 제작하는 게임이라고 해서 반드시 젠더 감수성이 높다거나 심지어 페미니즘적이라는 보장은 없다. 남성 중심 서사를 전복하고자 애썼던 게임 제작사 '시에라 온라인Sierra On-Line'이 1984년에 출시한 〈킹스 퀘스트King's Quest 1〉은 남성 주인공이 공주를 구하는 전형적인 남성 영웅 서사를 따른다. 남성 제작자의 비율이 압도적이었던 시기에 여성 제작자인 로버타 윌리엄스Roberta Williams가 만들었음에도 게임의 구조는 여성 혐오적이며 여성성에 대한 조롱까지 담고 있다는 평가를 받았다. 여성 작가라고 해서 모두가 페미니즘 서사를 쓰는 것은 아니고, 여성 게이머라 해서 모두가 여성 해방적 서사를 즐기지는 않는다.

하지만 시에라 온라인의 사례는 게임업계에 여성 인력의 증가가 가져올 수 있는 변화의 방향과 속성을 암시한다. 회사의 지명도가 높아지면서 그동안 업계에서 배제되던 여성 작가들이 하나둘 이 회사에 입사하기 시작했고, 이들은 그동안 기획자들이 너무나 당연하게 생각해 오던 서사와 캐릭터, 엔딩에 새로운 변화를 시도했다. 여성은 물론이고 남성 캐릭터의 성격과 역할이 입체화되고, 엔딩도 다양한 방식으로 만들어졌다. 대외적으로 천명한 목적이 아니었음에도, 결과적으로 시에라 온라인은 성차별적 요소가 적은 게임들을 만들 수 있었다. 시에라 온라인의 타이틀들을 분석한 안젤라 콕스Angela Cox 교수에 의하면, 진부했던 〈킹스 퀘스트〉 시리즈는 5, 6편에 이르면서 여성의 역할이 훨씬 더 복잡해지고 주체적이 됐고, 1995년 출시한 〈판타스마고리아Phantasmagoria〉는 (여성을 무력한 존재로 그렸다는 일부의 비판에도 불구하고) 가정 폭력을 고발하고 문제를 주체적으로 해결하려는 여성주의 서사가 깔려 있는 게임이다. 그리고 콕스는 어쩌면 너무나 당연한 결론을 내린다. 더 많은 여성 인력이 게임 제작팀에 합류하고 더 많은 여성 작가와 디자이너에게 자원을 제공하면 젠더적 다양성은 높아질 가능성이 높다는 것이다. 물론 오랜 시간이 필요하다. 변화는 더디다. 하지만 다양성에 대한 의식적 지원은 언젠가 가시적 성과를 가져온다.

끊이지 않는 여성 노동자 성희롱

게임업계만의 문제는 아니지만 여성 노동자에 대한 성희롱 사건도 여전히 사라지지 않고 있다. 몇 년 전 사회 각 분야에서 '미투' 사건이 불거졌을 때, 게임 개발사 내에서도 크고 작은 유사한 일들이 벌어졌다. 그러나 사내 성희롱을 고발할 수 있는 조직 문화가 형성되지 않았고, 피해를 입은 직원들이 의지할 수 있는 시스템이나 사내 조직을 갖춘 기업이 별로 없었던 것이 사실이다. 고발 시스템이 존재하더라도 피해자들을 완전히 보호하거나 추가적인 피해를 방지할 수 있는 분위기는 아니라는 것이 인터뷰했던 여성 노동자 대부분의 의견이었다. 회사 내 성추행 등의 문제가 발생했을 때 피해자 보호와 가해자 처벌 등의 문제를 고민하기보다는 조용히 문제를 해결하는 방식을 선호한다는 것이다. 이를 게임업계만의 특성이라고 보기는 어렵지만 위에 언급한 남성 중심적 게임 문화도 간접적인 영향을 주는 것으로 판단된다. 단, 최근 몇 년에 걸쳐 성희롱 관련 이슈가 크게 부각되다 보니 기업뿐만 아니라 개개인들도 이에 대해 문제의식이 강해지고 있는 것은 분명하다. 문제가 될 수 있는 발언들을 의식적으로 하지 않거나 행동거지 등을 조심하는 경우가 많아졌다는 것이 대체적인 의견이었다.

게임 산업이 직면한 문제의 명암

게임 산업 내의 성차별적 현실은 두 가지 모순적인 시선에서 바라볼 수 있다. 하나는 게임 산업이 기본적으로 남성 중심적이어서 여성 노동자들의 위치는 주변적일 수밖에 없고, 경제적·비경제적 대우 역시 상대적으로 열악하다는 우울한 그림이다. 하지만 다른 하나는 게임 산업이 비교적 젊고 변화에 민감한 특성을 가지고 있기 때문에 성차별적 문제들은 빠르게 해결될 것이라는 분홍빛 그림이다. 아마도 이 두 그림은 번갈아 등장하기도 하고 겹쳐 보이기도 하고 나란히 병치되기도 할 것이다. 적은 수의 남성 하드코어 게이머들이 소비자 전체를 대표하면서 게임 제작 과정에 여성의 목소리가 개입될 여지가 여전히 제한적인 것은 어두운 그림의 일부이지만, 여성 소비자와 여성 개발자의 수가 늘어나고 외국 시장의 문화에 대응하면서 업계도 점차 성 인지 감수성을 높여나가는 것은 밝은 쪽이다.

게임 내 성차별적 재현 이슈와 게임 유저들이 제기하는 페미니즘 이슈 그리고 게임 회사 조직 내에서의 성희롱 문제 등에 대해서 소통이 원활하지 않고 문제 해결을 위한 조직 운영도 미비하다는 점은 현실의 우울한 부분이지만, 다른 업계에 비해 훨씬 더 수평적 호칭과 커뮤니케이션을 강조하고 나이와 직급에 대한 집착이 덜하다는 점은 그래도 빛이 보이는 부분이다. 밝은 면이 점점 더 넓어지기를 기대할 뿐이다.

03 여성 게임 노동자의 '커리어 파이프라인'

게임업계의 여성 롤 모델

앞서 언급했듯, 아니타 사키시안Anita Sarkeesian과 캐롤라인 프티Carolyn Petit는 E3로 불리는 세계적 게임 박람회 관련 칼럼을 통해 여성의 재현 문제를 제기한 바 있다. 이들은 주요 게임사의 신작 발표를 누가 했는지에도 주목했다. 왜 우리는 IT 관련 신제품 소개 프레젠테이션을 상상할 때마다 캐주얼하지만 세련된 복장의 백인 남성이 환한 미소와 함께 능숙하게 발표를 하는 모습을 떠올릴까? 사키시안과 프티는 2019년 E3 콘퍼런스에서 회사를 대표해 스테이지에 올라 게임을 소개하거나 설명한 발표자의 성별을 셌다. 여성은 전체의 21%, 2021년에는 (조사 방법은 다소 달랐지만) 23%였다. 프레젠터의 성별로 실제 게임 산업이 여성 인력을 얼마나 포용하는지 알 수 없지만 최소한 각 게임사가 카메라 앞에 내보낸 '대표 선수(발표자)' 중 여성이 얼마나 되는지 알아본 것은 나름 의미 있는 자료다.

우리나라 게임 산업 종사자 중 여성 비율은 20~30%정도로 추산되지만, 각 게임사의 '대표 선수'로 여성을 내세울 수 있는 기업은 몇 개나 될까? "게임업계에는 여성 CEO는 꽤 있지만 임원급은 거의 없다."는 말을 종종 한다. 2017년 인터넷 게임 신문 〈게임메카〉의 좌담 기사 속 한 게임 기업 여성 CEO는 "2000년대 초반까지는 여성이 다양한 직군에 가거나 중간 관리자로 성장하는 것이 어려웠다. 그래서 역량이 있는 사람은 나와서 자기 회사를 차렸던 것 같다."고 밝힌 적이 있다. 필자의 2018년 연구에서도 많은 젊은 여성 노동자들은 임원이나 중간 관리자급에 여성의 수가 너무 적다면서 "(여성) 롤 모델이 없다."는 하소연을 했다.

고장난 파이프라인

캐나다 산업심리학자 요하나 웨스트스타Johanna Weststar 교수와 노동사회학자 마리 조제 르골Marie-Josée Legault 교수는 2015년부터 게임 산업과 여성 개발자의 경험에 관한 연구를 꾸준히 해왔다. 국제게임개발자협회(IGDA)가 수집한 신뢰성 있는 조사 자료를 재분석한 이들의 연구는 여성 비중이 적은 산업 분야에 여성 인력이 지속적으로 투입되면 점진적으로 성 차이가 줄어들 것이라는 일반적인 믿음에 의문을 제기한다. 인풋이 많으면 아웃풋도 많아진다는 기존의 '파이프라인' 비유는 파이프가 완벽하게 튼튼하고 중립적일 경우에만 옳다는 것이다. 파이프라인이 체계적으로 젠더화된 산업 분야에는 이 비유가 적용될 수 없다. 파이프라인 한쪽에서 인풋이 지속적으로 이뤄져도 파이프 중간이 막히거나 구멍이 뚫리면 아웃풋 양은 극히 제한적이다. 이것이 두 연구자가 제시한 '차단된' 파이프와 '유출된' 파이프 개념이다.

차단된 파이프는 여성이 커리어를 쌓는 데에 있어 필연적으로 경험하는 '유리 천장'과 '끈끈이 마루'를 뜻하고, 유출된 파이프는 일을 시작한 사람이 커리어 경로를 떠나 도태되는 현상을 의미한다. 게임업계의 '성골' 커리어 파이프라인은 초기 경험, 추가 훈련, 첫 직업, 지속되는 경력으로 이루어지는데, 여성에게는 잘 적용되지 않는다. 여성들은 어릴 적부터 게임에 대한 접근성이 떨어지고, 게임 관련 학위 및 교육 프로그램에서는 소수로 남는다. 업계에 진입할 때도 대개 주변부에서 시작하고, 이후에도 차별적인 대우를 경험하며, 고용 상태도 상대적으로 불안정하다. 훌륭한 커리어를 쌓는 전형적인 길이 분명히 정해져 있지만, 이 길은 여성들에게 불리하게 만들어졌고 소수의 여성만이 이 길(적절한 교육을 받고, 업계에서 커리어를 시작하며, 거기 머물러 있는)을 따라 나아간다. 여성들이 게임업계에서 주류 파이프라인을 따라 나아가는 과정에는 지속적인 차단과 누출의 가능성이 도사리고 있다는 것이다.

게임 개발은 남성의 영역이라는 선입견

빌 게이츠의 전 부인 멜린다 게이츠는 2019년 발간한 자신의 저서 『누구도 멈출 수 없다』에서 흥미로운 증언을 한 바 있다. 발췌, 요약을 하자면 다음과 같다.

> "1987년 내가 듀크대학교를 졸업할 무렵 컴퓨터공학과 졸업자의 35%가 여성이었지만 지금은 19%이다. 컴퓨터가 확산되면서 개인 컴퓨터가 남자아이용 게임 기구로 팔리는 경우가 잦아졌고, 그러다 보니 남자아이들이 컴퓨터를 접하는 시간이 더 길다. 또한 게임 산업이 등장했을 때 상당수의 개발자는 여성이 별 관심 없는 폭력적인 전쟁 게임을 만들기 시작했고, 남성 게임 개발자들이 남성을 상대

로 남성들만 할 만한 게임을 만들어내는 현상이 심화되었다. 이상적인 프로그래머를 사회성 떨어지고 바깥일에 무관심한 사람으로 보던 관점도 이유가 될 수 있다. 어떤 고용주는 사람에 대해 무관심하고, 타인과의 친밀한 상호 작용을 싫어하는 지원자를 우선적으로 채용할 정도였다. 이를 통해 많은 여성이 걸러졌다."

멜린다 게이츠의 증언은 게임 개발이 원래부터 남성의 영역이었는지 회의하게 만든다. 어릴 적에 남성이 여성에 비해 게임에 더 친숙한 이유가 생래적인 차이에 근거하지 않는다는 연구 결과는 많다. 접근의 기회가 더 많아 숙련도(실력)가 높아지고, 결과적으로는 더 (그리고 장기적으로) 흥미를 갖게 된다. 이는 게임과 관련된 고등 교육을 받을 수 있는 기회, 관련 업계의 주류 파이프라인으로 진입할 수 있는 기회로 연결된다. 여성이 생래적으로 특정 장르의 게임만 좋아한다는 것 역시 오해다. 즉 여성은 게임에 시간과 정열을 투자하기에 필요한 흥미 수준과 숙련도에 이를 수 있는 기회를 제공받지 못함으로써 아예 커리어를 시작하는 것 자체가 힘들어진다. 게임 기업 입장에서는 능력과 미래 가능성을 갖춘 인재를 뽑다 보면 남성의 비율이 높을 수밖에 없다고 이야기한다. 절반 이상 사실이기도 하다. 하지만 기업이 '인재'를 평가하는 기준이 멜린다 게이츠의 증언대로 잘못된 선입견에 근거한 것일 수도 있다.

게임업계의 불규칙적인 노동 특성이 여성의 커리어 진입을 가로막기도 한다. 우리나라만의 문제가 아니다. 북미와 유럽에서도 긴 노동 시간과 프로젝트 중심의 조직 문화, 게임 출시 전후의 강도 높은 노동을 지칭하는 크런치 모드 등은 여성들에게 장벽으로 작용한다. 기업들은 이러한 노동 환경을 감내할 수 있는 젊고 부양 가족 없는 남성을 선호한다. 자녀를 기르는 여성은 게임 개발 영역에서 찾기 어렵다는 보고도 있다. 대체로 10여 년 전 북미권에서 진행된 연구 결과지만 10년 이상 지난 지금도, 그리고 우리나라에서도 사정은 비슷하다. 이름만 대면 알 수 있는 국내의 한 대형 게임사 입사 면접에서 여성 지원자에게 "우리 회사는 군대 문화인데 버틸 수 있겠어요?"라는 질문을 하는 것이 현실이니까.

침묵으로 이어지는 감정적 고립감

여성이 게임업계에 진입한 이후의 문제는 크게 두 가지로 구분할 수 있다. 우선 처음부터 '주류' 파이프라인으로 진입하기 어렵다는 점이다. 안 그래도 적은 수의 여성 가운데 프로그래머나 엔지니어의 비중은 더욱 낮으며, 상대적으로 많은 여성 노동자들이 디자인, 스토리 작가, 오디오, 연구 등의 '비주류' 영역에서 커리어를 시작한다. 둘째로는 소수이기 때문에 부딪히는 장벽들이다. 출산과 육아 경험이 있는 노동자가 워낙 적다 보니 이들이 예외적 존재가 되고 비정상적 인력이 된다. 소수이다 보니 감정적 고립감을 느끼기도 한다. '롤 모델'이 없다는 불안함과 소수로서 잘 헤쳐 나가야 한다는 과도한 책임감에서 오는 고립감이다.

감정적 고립감은 게임 생산의 장에서 여성을 침묵하게 만드는 효과도 있다. 게임 작가이자 게임 시리즈 〈드래곤 에이지Dragon Age〉의 주역이기도 한 데이비드 가이더David Gaider는 게임 플롯에 대한 집단 검토 세션을 진행하면서 자신이 경험한 것을 얘기한 적이 있다. 한 여성 작가가 플롯의 특정 부분이 강간의 한 형태로 해석될 수 있다고 비판을 하자 이전까지는 아무런 지적도 하지 않았던 다른 여성들이 그제야 고개를 끄덕이며 동조했다는 것이다. 실제로 많은 여성 개발자들은 자신이 동료들과 다른 관점을 가지고 있다는 것을 깨닫지만, 스스로가 입을 닫는 경우가 많다는 보고가 있다.

게임 제작에 참여한 '페미니스트'를 '색출'해 추방하는 광풍이 불었던 2016~2017년경 우리나라에서 목격한 여성 게임 노동자의 침묵도 같은 선상에서 이해할 수 있다. 필자가 직접 인터뷰했던 노동자들에 의하면, 당시 게임업계에서 페미니즘 논란을 인지하지 못한 사람은 거의 없지만, 회사 내에서 이에 대한 대화를 하는 경우도 거의 없었다고 한다. 사내에서 말을 못 하니 '블라인드'처럼 익명이 보장되는 사이버 공간에서는 성차별과 관련된 불편함을 노골적으로 드러낸다. 간혹 발생하는 사내의 성폭력 사건도 마찬가지이다. 관련 주제는 공식 회의에서 배제되고, '우리는 저러지 말자.' 정도의 태도를 암묵적으로 공유하며 넘어간다.

고장 난 파이프라인 수리는 기업 내부에서 시작해야

다시 웨스트스타와 르골의 비유로 돌아가자면, 막혔거나 구멍 뚫린 파이프에도 불구하고 여성들은 그동안 게임업계에서 살아남기 위해 대체 파이프라인을 찾고 있었다. 도전은 계속되고 있는 것이다. 프로그래밍에 비해 상대적으로 여성의 비율이 높은 디자인이나 연구, 프로듀싱 분야의 파이프를 주류 파이프로 잇는 작업도 그중 하나다. 이들 분야에서는 비교적 여성의 목소리가 들리기 때문이다.

소셜 네트워크 분야의 대가로 손꼽히는 미국 펜실베이니아대학 커뮤니케이션학부의 데이먼 센톨라Damon Centola 교수와 그의 연구팀은 조직 구성원들에게 익숙한 고정 관념을 바꿀 수 있는 임계점에 도달하려면 얼마나 많은 사람들이 힘을 합쳐야 하는지에 관한 실험을 진행했다. 결론은 간단하다. 소수가 큰 소리로 외쳐도 흔들림 없던 조직이, 소리치던 사람의 비율이 25%가 되는 순간 드디어 흐름을 바꾸게 된다는 것. 이를 '티핑 포인트'라 부른다. 센톨라는 2016년의 미투 운동도 수십 년 동안의 노력과 저항이 티핑 포인트에 도달하면서 사람들에게 영향을 미친 사례로 간주한다. 그는 한 인터뷰에서 다음과 같이 말한다.

"25%에 도달하는 단 한 사람만으로 흐름이 바뀐다. 25%만 확보하면 집단의 문화를 원하는 방향으로 바꿀 수 있다. 한 군집에서 여성의 숫자가 티핑 포인트 수치에 이르면 은밀한 차별은 있어도 성을 바탕으로 공개적으로 상대를 폄하할 수 없다. 특히 정부와 기업의 임원들은 타인과의 협응이 필수적이기 때문에 국민과 소비자의 눈치를 살핀다."

25%가 그리 많은 숫자라고 생각할 사람은 없겠지만, 그럼에도 게임 산업에서 목소리를 낼 수 있는 여성 인력은 25%에 한참 미치지 못한다. 우리나라고 외국이고 마찬가지이다. 게임 산업에서 여성의 커리어 파이프라인에서 막힌 곳은 뚫어야 하고 새는 곳은 때워야 한다. 그렇게 변하더라도 여성 임원진의 비율이 25%에 달하려면 한참을 기다려야 한다. 어릴 적 게임기에 접근할 수 있는 힘의 차이가 교육의 차이와 업계 진입의 차이, 나아가 성공의 차이로 이어지는 고장 난 파이프라인을 수리하는 작업은 거꾸로 기업 내부의 변화로 시작되어야 한다. 여성 롤 모델이 지속적으로 배출되면 더 많은 여성들이 게임 산업 커리어를 시작하고, 나아가 더 많은 여성들이 관련 교육을 받게 될 것이다. 동시에 여성 게임 노동자의 증가가 가져올, 생산 과정에서 조직 문화의 변동은 더 많은 ('너드'가 아닌) 여성들을 소비자로 불러 모을 수 있을 것이다.

04 '피노 델 미트파이'의 탄생부터 소멸까지

하루 만에 사라진 캐릭터

가상의 공간 서울을 배경으로 악마들의 전쟁이 벌어진다. 승리를 위해서는 인간의 감정과 욕망에서 태어나는 사역마 '차일드'를 모아 강력한 군대를 만들어야 한다. 차기 마왕이 되기 위한 쟁탈전에 참가해서 캐릭터 일러스트 카드를 수집하는 모바일 게임 〈데스티니 차일드Destiny Child〉의 스토리다. 게임의 성격상 일러스트가 중요하지만, 바로 그 일러스트의 선정성 때문에 성인용 게임으로 분류됐다. 이후 〈데스티니 차일드〉는 일러스트 수정을 거쳐 12세 이용이 가능한 게임으로 서비스됐다.

2017년 9월 〈데스티니 차일드〉 제작사는 새로운 오리지널 캐릭터 일러스트를 모집하는 공모전을 열었다. 총 상금 1억 원을 내걸었고, 국내외 1,843명의 아티스트가 참가했

'피노 델 미트파이' 일러스트

(출처: 각종 언론 보도: 예를 들어 https://www.joongang.co.kr/article/21938178#home)

다. 이 공모전을 통해 '피노 델 미트파이Pino del meatpie'가 탄생하게 된다. 피부색은 어둡고, 몸은 누덕누덕 기워진 캐릭터다. 내장, 뼈, 이빨을 연상시키는 고깃덩어리가 그녀의 발 밑에 쌓여 있다. 이 캐릭터는 특별상을 수상했지만 주최 측은 하루 만에 발표를 취소했다.

이 기괴한 일러스트에 대한 원래 심사평은 "그로데스크한 디자인과 페인팅이 고유의 독창성을 뽐내고 있습니다. 괴기하기만 할 수 있는 고어 계열이지만, 캐릭터의 마스크가 호감형이라 캐릭터의 매력을 잘 전달해 주는 듯합니다. 하지만 설정이 너무 가슴 아프네요."였다. 가슴 아픈 설정은 무엇일까.

취소 공지를 살펴보자. "안녕하세요."로 시작한 공지문에는 "작품이 작화적으로는 공모전의 취지에 어긋나지 않는다고 판단되어 수상작에 올랐습니다만, 소재 자체 외에도 숨겨진 메타포나 설정이 유저 모두가 감상하기에는 부적절함이 있다고 판단…"이라는 문구가 포함되어 있었다. 부적절한 설정은 또 무엇이었을까.

외면하고 싶은, 마주하기 불편한 진실

해당 작품의 응모자는 '피노 델 미트파이'에 대해 필리핀의

빈민가에서 태어나 관광객을 대상으로 일(매춘을 암시한다)한 수입으로 연명하는 코피노Kopino 출신 차일드라고 밝혔다. 자신과 엄마를 버린 아빠를 찾아 죽이기 위해 전 재산을 털어 한국으로 밀입국을 계획하지만, 밀항선 내에서 장기를 적출당한 뒤 토막 난 시신으로 바다에 버려졌다는 설정을 가지고 있다. 그녀의 버려진 살 조각은 인천까지 떠밀려 와 악마와 계약을 맺고 '차일드'로 소생한다. '코피노'란 관광, 사업, 유학 등의 목적으로 필리핀에 간 한국인 남성과 현지인 여성 사이에서 태어난 혼혈 자녀를 이르는 단어다. 아버지로부터 버림받고 가난과 주위의 냉대 속에 자라 필리핀의 사회 문제가 되기도 했고, 우리나라에서는 무책임한 코피노 아빠들이 사회적으로 큰 지탄의 대상이 되었다.

'가슴 아픈' 설정과 '부적절한' 설정은 하나였고, 이 설정은 마주하기 싫은 분명한 역사를 생생하게 담고 있었다. 하지만 실존하는 사회 문제의 피해자에 대한 고려와 성찰 없이 복잡한 현실을 흥미 본위로 사용했다는 비판을 받았다. 코피노 문제에 관해 한없이 조심스러워야 하는 한국인으로서 이를 게임 캐릭터로 삼는 것은 경솔하다는 평가도 있었고, 일본 게임에서 한국인 위안부를 게임 캐릭터로 삼는 것과 무엇이 다르냐는 힐난도 있었다.

일러스트 응모자의 성별은 알려진 바 없고, 그다지 중요한 정보도 아니다. 대신 특정 여성 캐릭터가 탄생한 후 하루 만에 사라지는 과정을 통해 우리가 '게임 생산 과정 속 젠더 이슈의 개입'에 대해 다시 고민할 기회를 가질 수 있었다는 사실이 중요하다.

논란으로 인해 수상이 취소된 이후 창작자가 한 인터넷 게시물에서 밝힌 바에 따르면, '피노 델 미트파이'는 억울함과 공포의 양면성을 가진 존재로 고안되었다고 한다. 한국을 배경으로 하는 한국 게임에서 악마와 계약할 만큼 억울함을 가진, 누구보다 강렬한 감정을 가질 수 있는 존재다. 동시에 가해자에게는 악마만큼 공포스럽고 위협적인 존재다. 사실 악마와의 계약을 통해 부활에 성공한 캐릭터가 앞으로 어떤 행보를 보일 수 있을지 궁금하기도 하다. 그러나 〈데스티니 차일드〉라는 게임의 성격과 대부분의 게이머들이 수용하는 방식을 고려한다면, 이 창작자가 주장하는 제작 의도가 실제 게임 현장에서 그대로 반영되기는 쉽지 않았을 것이다.

〈데스티니 차일드〉의 차일드

남성 유저의 편을 들어준 게임 제작사

〈데스티니 차일드〉가 처음 출시되었을 때 마케팅의 핵심으로 부각된 것은 게임의 메카닉적인 측면보다는 '라이브 2D' 기능이었다. 캐릭터(차일드) 일러스트레이션이 고정되어 있지 않고, 이용자가 터치하면 움직임을 보이는 기능이었다. 터치를 '당하는' 차일드들은 대개 어느 정도 선정적인 모습의 여성이었고, 특히 초기의 성인 버전에서는 (12세 이용가 버전에 비해) 심한 노출을 보여주었다. 게임의 메인 화면에 둥실둥실 떠 있는 차일드를 툭 건드리면 움찔하거나 미리 지정된 행동을 보이는데, 이는 에로틱한 장치로서 사용된다. 나아가 〈데스티니 차일드〉의 모든 차일드는 주인공의 하수인으로 복속되어 있으며, 주인공에게 다양한 방식으로 애정을 과시한다. 차기 마왕임에도 불구하고 하수인에 불과한 '차일드'들을 인간적으로 대하는 주인공의 모습에 감탄하거나, 본심을 숨기고 퉁명스럽게 굴거나, 적극적으로 애정 공세를 펼치기도 한다.

〈데스티니 차일드〉는 페미니즘을 옹호한 작가들의 일러스트들을 폐기해 논란을 불러오기도 했다. 2016년, 특정 캐릭터를 그려온 작가가 SNS에서 '한남충'이라는 남성 비하 단어를 쓰자 게임 유저들은 '메갈' 작가의 그림을 거부할 것을 요구하며 게임 제작사에 항의했고, 결국 〈데스티니 차일드〉 측은 "어떤 형태로든 논란이 발생하거나 논란이 발생할 가능성이 있는 이미지는 교체하기로 했다."면서 유저들의 손을 들어주었다. 이러한 결정에 대한 반발도 있었으나 제작사는 "추가로 논란이 발생될 여지가 있는 이미지가 체크되었다."면서 '문제가 있는(즉 명시적으로 페미니즘에 대한 지지 의사를 밝힌)' 작가들을 모두 찾아내 이들의 일러스트를 모두 삭제했다. 여성계와 문화계의 격렬한 항의에도 불구하고 제작사가 완고한 입장을 유지할 수 있었던, 혹은 해야 했던 가장 큰 이유는 유저들 대부분이 남성이었고 이들이 제작사 측 입장을 지지했기 때문이었다. 상품의 종류를 막론하고 소비자의 의사를 무시할 수 있는 생산업체나 유통업체는 없으니 이해하기 어려운 결정은 아니었다. 하지만 동시에, 이 일련의 사건 전개는 〈데스티니 차일드〉 게임의 성격을 더욱 분명하게 확인시켜 주었다.

서사 추가로는 바꿀 수 없는 〈데스티니 차일드〉의 정체성

게임의 기획 과정에서 이미 선정성을 상업적 포인트로 간주했다면 이후 어떤 의미 있는 서사가 추가되어도 본래의 기획 의도를 살려내는 것은 쉽지 않다. 물론 '피노 델 미트파이'가 부당한 비난을 받았다는 뜻은 아니다. 아버지가 부재한 연약한 혼혈 소녀이면서 남성 욕망의 대상이 되는 존재, 게다가 갈기갈기 조각난 육체로 재현된 코피노는 영혼마저 악마에게 먹힌다. 캐릭터에게 지나치게 가혹한 서사를 부여하고 피해자를 다루는 방식에 섬세함이 결여되어 있다는 점을 가벼이 넘길 수는 없다. 창작자의 기획 의도를 최대한 이해한다 하더라도 게임의 형식과 수용을 둘러싼 조건들이 피노의 캐릭터성을 착취할 수밖에 없도록 만든다는 점을 지적하는 것이다.

만일 '피노 델 미트파이'가 실제로 게임 안에 구현됐다고 하더라도 그는 주인공의 하수인으로밖에 머물 수 없었을 것이며, 그가 생전 원했던 바를 이루거나 구원받을 수 있었을 것 같지는 않다. 이용자들이 이 캐릭터의 백그라운드를 '가슴 아픈 설정'으로 받아들이기보다는 '부적절한 설정'으로 해석했을 여지가 크기 때문이다. 오리지널 일러스트 공모전을 개최하고 수상작을 선정하면서 제작사는 이 게임이 모바일 수집용 카드 게임, 즉 남성 유저 대상의 단순한 '미소녀 가챠 게임'으로 받아들여지고 있었다는 사실을 충분히 의식하지 못했던 것이 아닐까. 게임 생산 과정에서 젠더와 섹슈얼리티의 문제는 예기치 못한 순간에 상상하지 못했던 방식으로 수면 위로 돌출되곤 한다.

05 딕울브스에게 강간당했다

다양한 형태로 재생산되는 게임 파생 텍스트

'게임물'은 어디부터 어디까지를 말할까. 개발사가 만들어 퍼블리셔를 통해 유통되는 상업적 게임은 당연히 포함될 것이고, 인디 게임 제작자 혹은 일인 기업이 만들어 무료로 업로드한 게임도 물론 그 일부가 된다. 학생이 과제 제출용으로 만든 간단한 모바일 게임도.

여기까지는 간단한데 테크놀로지의 발달과 미디어 생산·소비 방식의 다양화가 이뤄지면서 게임은 아닌데 게임 같은 콘텐츠들이 확산되기 시작했다. 대표적인 예가 e스포츠 중계물이다. e스포츠 중계 영상은 게임 그 자체는 아니지만 게임을 경유해 2차 오락물을 만들어낸다. 유튜브에서 흔히 볼 수 있는 게임 스트리밍도 마찬가지다. 프로 선수의 게임 공략법 영상도 있지만, 연예인이 장난 삼아 게임하는 영상도 있고 먹방 셀레브리티가 번외편처럼 게임 플레이를 찍어 올리기도 한다. 모두가 동시대 게임 문화를 이루는 아주 중요한 요소이고, 이 영상을 소비하는 이들 역시 넓은 의미의 게임 소비자라 할 수 있다.

범위를 조금 더 넓히면, 다양한 게임 파생 텍스트 역시 게임 문화를 구성하는 요소다. 게임 비평, 게임 저널리즘, 게임 아트, 패러디 영상물 등이 여기에 포함된다. 생산과 소비의 경계가 모호해지고 창작과 향유의 주체도 불분명해진 시대이기에 온라인 게임 커뮤니티에 업로드된 수많은 게임 밈 역시 독특한 소비 방식이자 적극적인 생산 활동의 일부라 할 수 있다.

게임 텍스트를 비웃는 게임 파생 텍스트

'페니 아케이드Penny Arcade'는 온라인상에서 가장 인기 있고 가장 오래 운영되는 만화(웹 코믹) 중 하나다. 1998년부터 지금까지 이어져온 사이트로 주 3회에 걸쳐 주로 게임과 게임 문화에 대한 만화를 업로드한다. 전형적인 게임 파생 텍스트라 할 수 있다. 2010년 페니 아케이드는 〈월드 오브 워크래프트World of Warcarft; WoW〉에서 벌어지는 이상한 윤리와 관행을 조롱하는 만화를 게시했는데, 이는 이후

예기치 않은 논쟁을 일으키게 된다.

WoW에서는 종종 "10명의 악인을 죽여라."든지 "5명의 무고한 죄수를 구하라."는 퀘스트가 주어진다. 이 게임에서는 수백만 명의 플레이어가 수천만 명의 악인을 죽여도 또 다른 악인들이 등장해 다음 플레이어의 선행을 가능케 한다. 〈The Sixth Slave〉라는 제목의 페니 아케이드 만화는 그 우스꽝스런 게임 구조를 비웃기 위해 노예와 영웅을 등장시킨다. 이 에피소드에서 노예(게임 속 NPC)는 매일 밤 딕울브즈에게 강간을 당한다며 영웅(게임 플레이어)에게 도움을 구걸하지만, 영웅은 이미 다섯 명의 노예를 구하는 퀘스트 할당량을 채웠다며 무시해 버린다. 노예가 "하지만…"이라고 말을 이으려 하자 영웅은 "이봐, 친구! 사람 이상하게 만들지 마."라고 잘라 말하며 만화는 끝이 난다.

페니 아케이드의 의도적인 도발

조롱의 도구로 '강간'을 사용했다는 사실은 여러 사람들, 특히 페미니스트 비평가들에게 신랄한 비판의 대상이 됐다. 노예가 강간당하는 일은 지금 우리의 세계에서 여전히 벌어지는 비극이며, 이는 결코 웃음의 소재가 될 수는 없다는 지적이었다. 페니 아케이드 측도 물러서지 않았다. 비평

페니 아케이드 만화, 〈The Sixth Slave〉

(출처: https://www.penny-arcade.com/comic/2010/08/11/the-sixth-slave)

가들이 지나치게 감정적이고 비논리적이라고 비난했고, 이 만화를 평소에 보지 않던 팬덤 외부 사람들의 발작이라고 확신했다. 그리고 이듬해에는 페니 아케이드 엑스포(PAX)에서 '딕울브스' 티셔츠를 판매했다. 실제가 아닌 게임과 만화 이야기라며 웃어넘긴 사람들도 티셔츠를 제작·판매하고 구매·착용하는 것은 강간을 독려하는 것과 다름없다며 비판적으로 돌아섰다. 결국 페니 아케이드는 티셔츠 판매를 한 달 반 만에 중단했다. 하지만 만화 제작자들이 자신들의 입장을 완전히 굽힌 것은 아니었다. 심지어 3년 후인 2013년의 한 인터뷰에서는 티셔츠 판매를 중단한 일은 큰 실수였다고 밝히기도 했다.

선을 넘은 게임 커뮤니티의 문법

문제는 이 일련의 과정에서 불쾌함을 느꼈다는 사람들이 게임 문화의 고유한 특성을 이해하지 못하는 사람으로 간주되어 '진짜' 게이머들에게 공격당했다는 것이다. 페니 아케이드 게시판 참여자는 비평가와 동조자를 조롱하기 시작했다. '페미니스트' 비판에 대한 '트롤링' 전략으로 대응한 것이다. 게임학자인 메건 콘디스Megan Condis 교수는 게임 문화에서 '트롤링'이 성(gender)을 부여하는 행위라고 해석한다. 트롤링 게임은 참여자를 '냉철하고 합리적인 남성'과 '지나치게 감정적인 여성' 진영으로 구분한다. 전자는 유능한 인터넷 사용자로 남성적 텍스트를 정확하게 구사하고 이해하지만, 후자는 미끼를 덥석 무는 어리숙함을 보인다. 실제 성과는 무관하다. '진성' 게이머들의 하위 문화는 게임 공간이 남성적이라 생각하게 하고, 적합한 문법을 따르라고 권장한다. 트롤링 논리에 따르면 성차별적인 발언에 대해 쿨하게 넘어가는 것이 옳은 (남성적인) 태도이다. 감정적으로 비판하는 것은 규범을 따르지 않는 (여성적인) 태도이거나 하위 문화 집단의 영역 밖에 존재하는 국외자의 태도로 규정된다. '딕울브스' 사건이나 격투 게임 관련 온라인 리얼리티 쇼인 〈크로스 어설트Cross Assault〉에서 벌어진 동료 선수 성희롱 사건이 대표적 예다. 2012년 벌어졌던 〈크로스 어설트〉 성희롱 사건에서는 가해자가 "성희롱은 게임 문화의 일부이다. 게임 커뮤니티에서 이 요소를 빼버리면 그것은 더 이상 격투 게임이라 할 수 없다."라거나 "성희롱 없는 게임 커뮤니티는 미식축구 공으로 농구를 하는 것과 같다."고 발언하기도 했다.

제니퍼 디윈터Jennifer DeWinter 교수와 캘리 코큐렉Carly Kocurek 교수는 게임 커뮤니티의 강간 문화에 대한 옹호를 과잉 남성성(hypermasculinity)의 한 형태로 해석한다. 남성성은 종종 테크놀로지 관련 지식과 결부되는데, 이는 자연스럽게 여성은 테크놀로지와 무관하다는 논리로 이어진다. 여자들은 기계를 잘 모르고, 운전에 서툴며, 가전제품의 주요 이용자이지만 정작 원리는 모르는 존재로 인식된다.

강간 신화가 지탱되기 위해서는 두 가지 조건이 요구된다. 여성이 있어서는 안 되는 '분리된 폐쇄 공간'과 여성을 대상화하는 문화적 태도와 관습이다. 게임 커뮤니티는 이러한 조건 두 가지를 모두 충족시킨다. 실제 여성이 게임의 영역으로 진입해 동등한 참여 권력을 요구하면 여성의 주체성을 부정하는 방식으로 여성을 배제하려는 움직임이 일어난다. 딕울브즈 사건은 "여성들이 게임 커뮤니티에 진입한다는 것은 그들이 무슨 일을 겪던 스스로 자초했다."는 것을 의미한다. 게임 커뮤니티라는 남성적인 공간에서 여성들이 불편함을 느낀다면, 그것은 남성들이 행동을 바꾸어야 할 이유가 되지 않는다. 여성들이 애초에 그 공간에 진입하지 말았어야 했다.

강간 문화의 단면, 트롤링과 트래시 토크

작가이자 게임 문화 연구자인 엠마 보센Emma Vossen 박사는 게임을 섹스에 비유함으로써 트롤링을 간단하게 설명한다. 게임은 모든 '놀이'가 그렇듯 그 안에서 플레이어들이 지켜야 할 규칙이 있다. 규칙이 통하는 구역은 바깥과 구별되는 '매직 서클magic circle'이고, 이 안에서 몰입감을 느끼는 것이 놀이의 목표다. 놀이는 신뢰를 바탕으로 가능하기 때문에 누군가가 규칙을 어기면 버블이 터지고 플레이어들은 매직 서클 밖으로 밀려난다. 섹스도 마찬가지이다. 섹스에서 서로가 원하는 것을 합의하여 규칙을 정하고 '플레이'하듯 규칙을 통해 형성된 매직 서클 안은 해당 규칙이 지배하는 공간이 된다. 하지만 누군가 이런 규칙을 어기고 합의되지 않은 행동을 하려는 순간 이 공간은 위협을 받게 된다. 재합의가 이루어지지 않으면 결국 매직 서클의 경계는 와해된다. 모두가 놀이의 목표는 달성할 수 없게 된다.

그런데 종종 합의를 깨는 상황으로부터 즐거움을 느끼는 이들이 있다. 게임 중 욕설과 성 모독 발언을 함으로써 여성 게이머가 매직 서클로 몰입하는 것을 방해하는 이들이다. 혹은 섹스 중 상대가 원치 않는 행동을 강압적으로 하는 이들이다. 트롤링이나 트래시 토크trash talk가 강간에 비유되는 이유이다. 실제로 트래시 토크 내용 가운데 상당 부분이 강간과 관련된 욕설이다.

좁은 의미의 게임물, 즉 게임 상품을 생산해서 판매하는 것은 게임 회사의 몫이지만, 게임 문화를 구성하고 변조시켜 나가는 주체는 다른 여러 종류의 생산자들을 포함한다. 비평가와 기자, 학자도 있고, 파생 콘텐츠를 만드는 수많은 게임 애호가도 있다. 딕울브스 만화를 그린 사람도, 〈크로스 어설트〉 사건의 가해자도 그 일부다. 이들은 게임 커뮤니티의 하위 문화 속성을 지키기 위해, 즉 소수 '진성' 게이머의 오래된 남성 중심적 (강간) 문화를 지키기 위해 매직서클 안의 여성(혹은 여성으로 치부되는 많은 남성)들을 합의 없이 강간하고 있었던 것은 아닌지? 게임에 참여하는 모두가 즐거운 놀이를 할 수 있기 위해서는 모두가 동의할 수 있는 규칙을 지켜야 한다. 규칙을 깨트리는 행위로부터 쾌락을 얻는 이들은 게임의 즐거움이 아니라 폭력의 즐거움을 추구하는 것이다.

애들이나 하는 놀이

20세기 산업화 시기, 한국인에게는 노동이 일상이었다. 하루 16시간 일한다는 것은 근면의 상징이었고, '논다'는 말을 듣는 것은 치욕이었다. 처음 만난 사람에게 "무슨 일을 하냐?"는 질문은 상대방의 정체성을 묻는 방식이었다. 직업이 없는 것을 "놀고 있다."고 표현했고, 쓸데없는 말이나 행동을 할 때도 "놀고 있다."고 흉봤다. 노동력이 없는 어린이와 청소년들은 노동 대신 공부가 일상이었다. 학교에서 공부는 안 하면서 깡패 짓이나 하는 학생들을 '노는 애들'이라고 지칭했다. 누구에게나 '놀이·유흥·유희'는 부정적 단어였다. 전적으로 무가치한 행동. 언제나 노동과 공부의 반대편에 있는, 숨기고 싶은 행동의 순간이었다.

경제적 수준도 어느 정도 오르고 '유흥' 대신 '여가'라는 중립적 단어가 보편화하면서, 사람들은 '노는' 일에 관대해졌다. 주말에 일하는 것을 회피하거나 비판하기 시작했고, 잘 놀기 위해 잠시 노동한다는 사람들을 베짱이라 욕하지 않게 되었다. 2019년경 등장한 '워라밸'이란 단어는 '노동(work)'과 '일상(life)'의 균형(balance)을 의미한다. 여기서의 '일상'은 여가, 즐거움, 휴식의 환유이다. 노동은 일상과 동의어가 되는 대신 반의어가 됐다.

여가라고 다 같은 것은 아니다. '진지한' 여가는 오랜 시간과 적지 않은 돈을 투자해 전문성을 확보해야 즐길 수 있다. 여가를 위한 노동이 필요하기도 하다. 골프를 치려면 클럽을 구매하고, 실내외 연습장에서 열심히 연습하고, 어렵사리 팀을 짜 골프장을 예약하고, 운전해 특정 장소까지 가야 한다. 반면 '일상적(캐주얼) 여가'는 전문 교육을 받지 않아도 되고, 대체로 즉각적 보상이 있다. 경제적 부담이 적기 때문에 대중적이고, 성별과 연령별 편차가 크지 않기 때문에 보편적이다. 텔레비전 시청이 대표적인 일상적 여가의 지위를 오랫동안 지켜온 이유다.

진지하지 않은 일상적 여가

'일상적 여가'는 여전히 진지한 여가에 비해 대접을 받지 못하는 처지이지만, (진지한 여가와 일상적 여가를 구분한 사회학자 로버트 스테빈스Robert Stebbins도 진지한 여가를 통해 자기 계발을 할 수 있어야 한다고 주장한 적이 있다.) 과거의 적대적·부정적 올가미에서는 거의 탈출한 것으로 보인다. 사람들은 여가에서조차 생산성을 따지고 자기 계발을 추구하는 신자유주의적 태도에 지치기 시작했고, 이유 없는 즐거움을 주는 대중적·보편적 여가 활동을 긍정적으로 바라보기 시작한 것이다. 게임 플레이의 즐거움, 즉 게임의 가치는 이 지점에 자리한다. 과거에 라디오나 텔레비전 시청이 차지하던 자리를 비집고 들어왔다.

그러나 한 가지 큰 차이점이 있다. 대중적·보편적 오락이라는 것은 진입 장벽이 낮고 남녀노소 편차가 별로 없음을 뜻한다. 라디오와 텔레비전은 그 기본적 조건을 대체로 충족시켰다. 반면 게임은 오랜 기간 동안 '어리거나 젊은 남성'의 전유물로 인식되었다. 실제로 이들이 게이머의 대부분을 차지하기도 했다. 하지만 라디오와 텔레비전도 처음부터 보편적 매체였던 것은 아니다. 'SECTION 1. 게임하는 여성'에서 언급했듯 라디오도 초기에는 전형적인 남성적 매체였고, 텔레비전 채널권 역시 가장인 아버지가 쥐고 있었다. 시간이 지나면서 보편성을 획득한 것이다. 게임도 비슷한 경로를 겪고 있다. 연령 분포도, 성별 차이도 줄어들었으며, 최근의 통계치는 공통적으로 게임의 '보편적 오락화' 경향을 보여주고 있기 때문이다. 게임이 가장 대중적이고 가장 보편적인 일상적 여가·오락이 될 날이 머지않았다. 혹은 이미 도래했거나.

'여가의 앙시앵 레짐'을 꿈꾸는 이들

게임은 지금 정도의 정당성을 획득하는 데에도 수많은 장벽을 넘고 저항과 싸워야 했다. 노동이나 공부의 반대편에 있다는 이유로 배척받았고, '진지한 여가'가 아니라는 이유로 폄하됐으며, 소수만이 즐기는 오락이라는 이유로 무시됐다. 아직도 충분한 문화적 정당성을 확보했다고 보긴 어렵지만, 그래도 이제는 어느 정도 '필요하고' '즐겁고' '모두를 위한' 오락의 지위에 섰다.

저항은 여전하다. 시간 낭비이고 질병이며 오타쿠 문화라는 인식은 분명히 남아 있다. 흥미로운 것은 게임을 '진지한 여가'로 여기는 이들의 격렬한 저항이다. 그들은 게임이 보편적 여가로 여겨지는 것에 저항한다. 게임 세계에서 독보적인 지위를 차지하던 이들의 일부는 게임이 아무나 쉽게 즐기는 오락이 되는 것을 마뜩잖게 여긴다. 게임의 문화적 정당성 획득에는 격하게 동의하면서, 게임을 위계화하는 전략을 통해 '가짜' 게이머를 배제함으로써 (소위) 진짜 게이머로서의 권력을 사수하고자 한다. 시간이 흐르면서 게임 세계 구성원들의 지위가 달라지는 것은 당연한 변화이거늘 여전히 문화적 구체제, 앙시앵 레짐의 복원을 꿈꾸는 이들이 남아 있다는 뜻이다.

'진짜' 게이머의 세상을 꿈꾸는 이들의 대부분이 젊은 남성이지만, 젊은 남성 대부분이 구체제 복원을 지향하는 것은 아니다. 대다수보다는 극소수에 가깝다. 더구나 이 저항은 운동이 아니라 현상이다. 의도적이고 자발적이라기보다 자연스럽게 발생하는, 이를테면 역사 속에서 수없이 반복되었던 일들이다. 아주 멀리서 바라보면 심각한 문제도 중요한 쟁점도 아닐 수 있다. 그런데 우리가 이 현상의 한가운데에 있는 동안에는 저항과 갈등이 격렬해 보이기도 하고 이해할 수 없는 긴장과 어처구니없는 투쟁이 벌어지기도 한다. 그래서 이 현상은 결코 그러려니 하며 넘어갈 수 없다. 적절한 방식으로 설명되어야 하고, 가능하다면 불필요한 사회적 비용을 최소화하는 데에 기여해야 한다. 이것이 『여성 게이머는 총을 쏠 수 있는가』를 쓰기 시작한 이유다.

게임판의 사건들은 독립적이지 않다

게임의 보편적 여가화라는 변화가 진공 상태에서 일어나지 않았듯, 구체제 복원을 위한 저항도 무균실에서 생기지 않았다. 게임/게이밍의 사회·문화적 맥락을 유심히 살펴봐야 하는 이유이다. 언뜻 보면 별 상관이 없어 보이는 일들, 예를 들어 트럼프의 미국 대통령 당선이나 강남역 살인 사건도 게임판에서 벌어지는 일들과 밀접한 관련이 있다. 게임판의 바깥 문화나 구조에 대한 관심을 놓치지 않으면서 안에서 무슨 일이 어떻게 벌어지고 있는지 살펴봐야 전체 그림을 그릴 수 있다. 그래서 우선 '게이머'와 '재현'과 '생산 현장'으로 나눠서 이런저런 사건과 역사와 팩트를 살펴보기로 했다.

'(젊은) 남성의 영역'인 게임에 여성이 진입하고, 갈등과 타협이 이루어지고, 보편적 영역으로 나아가는 과정이 '여성 게이머, 여성의 재현, 여성 노동자'라는 세 범주에서 특별히 가시화되었기 때문이다. 『여성 게이머는 총을 쏠 수 있는가』는 이 세 가지 범주에서 각각 어떤 변화가 일어나고 있는지, 그 의미는 무엇인지 따져보는 것이 목표였다. 따라서 학술적 분석이나 공허한 정책적 제안보다는, 많은 사람들이 인지하지 못하는 현실의 모습을 최대한 여러 시각에서 그려보려 했다. 왜 재미있자고 하는 게임 때문에 많은 사람들이 분노하거나 냉소해야 하는가? 언제까지 이럴 것인가?

여성 게이머에 대한 고정 관념

'SECTION 1. 게임하는 여성'에서는 여성 게이머들이 현실에서 맞닥뜨리는 성차별을 다뤘다. 아무리 여성 게이머의 수가 늘어도 여전히 여성들은 위wii 광고에서처럼 안 보이거나, 메건 콘디스Megan Condis 교수가 말한 대로 섹시한 보조역이거나 어리바리하다. 간혹 나타나는 여성 게임 덕후는 거짓말쟁이로 간주될 가능성이 높다. 게임을 진정으로 좋아하고, 즐기고, 잘하는 주체적인 여성 게이머는 발견하기 어렵다. 실제로 그렇다는 것이 아니라, 여성을 포함한 대다수 게이머들이 가진 스테레오 타입이 그렇다는 것이다. 편견은 사실과 달라서 문제가 되는 것이 아니라 사실의 일부를 증폭해서 단정하고, 그 자체가 다시 특정 방향의 효과를 만들어내기 때문에 중요하다. 여성 프로 게이머가 적은 것을 신체적 능력 차이 탓으로만 돌리는 것도 그 예다. 생래적 차이를 인정하는 만큼, 게임과 e스포츠의 성차별적인 외부 구조가 여전히 강력하다는 점도 간과해선 안 된다.

폭력적인 구조를 재생산하는 데에 기여하는 '겜부심 넘치는 진짜 게이머'의 수는 사실 그리 많은 것도 아니다. 하나의 '전형'이기 때문에 동일 인물이 상황에 따라 그 범주 안에 들어가기도 안 들어가기도 한다. 실제로 게이머 대상 설문 조사나 인터뷰를 하면 여성에게 적대감을 갖고 여성 게이머에게 이유 없이 욕을 한다는 남성 게이머를 찾기 쉽지 않다. 그런데 왜 여성들은 맘 놓고 게임을 즐기지 못하는 것일까? 현실 세계의 물리적 폭력에 대한 공포가 간접적으로 반영된 탓이다. 폭력에 대한 공포까지는 아니더라도 불안함과 불쾌감은 거의 상시적인 탓이다. 악의가 없다는 이유로 아무런 내적·외적 제재 없이 행해지는 혐오 표현에 절망한 탓이다.

게임 플레이에서 얻는 즐거움보다 다른 게이머가 주는 불안과 불쾌가 더 클 때, 대부분의 여성 게이머들은 싸우고 바꾸려 하기보다 그냥 그 게임을 떠난다. 결과적으로 소위 하드코어 게임은 계속 남성들의 판으로 남는다. 반면 여성이 반 이상을 점유한 캐주얼 게임판은 '가짜' 게임으로 쉽게 폄훼된다. '게임하는 여성'이 '진짜 게이머'가 되기란 정말 쉽지 않다.

게임은 여성을 어떻게 재현하는가

'SECTION 2. 게임 속 여성'에서는 게임이 서사나 이미지를 통해 혹은 '(여성의) 부재'를 통해 현실 여성을 어떻게 재현해 내는가를 다뤘다. '재현'은 미디어 문화 연구에서 오랫동안 고민해 온 쟁점이기도 하다. 간단한 비유를 하자면, 드라마 속 여성 주인공이 현실의 여성을 대표하는지, 아니면 고정 관념을 전파해서 현실에 영향을 주는지에 관한 질문이다. 안이하지만 둘 다 옳은 답이고, 이는 게임 속 여성에도 적용된다. 하지만 매체적 차이를 무시할 수는 없다. 〈서든어택 2〉 속 여성 사체에게 총을 쏴서 뒤틀리는 몸을 보고 즐기는 게이머의 행위를 의자에 기대 앉아 스크린 속 여성을 무력하게 바라보는 영화 관객과 같다고 보기는 어렵다. 〈데드 아일랜드〉의 사례에서 보듯, 게임에서는 눈에 보이는 재현 이상의 복잡한 재현 방식이 내재되어 있기도 하다. 게임의 재현이 갖는 힘은 우리가 막연하게 생각하는 것보다 훨씬 클 수 있다.

성별 특정이 배제되어 있던 〈팩맨〉의 주인공이 어느 날 갑자기 남성으로 정의되고, 〈슈퍼 마리오〉 속 피치 공주가 이용자들에 의해 용맹한 전사로 재탄생되는 과정을 보면 게임 속 여성 재현이 게임 밖 현실과 끈끈하게 연결되어 있음을 확인할 수도 있다. 게임 텍스트만 떼어놓고 재현에 대해 이러쿵저러쿵 이야기하는 것에 한계가 있다는 뜻이다. 그런 면에서 보자면, 게임 속 여성 캐릭터 수의 단순 증가는 현실 사회의 변화를 반영하는 것이기도 하고 게임판의 점진적 변화를 견인하는 동력이 되기도 한다. 게임 바깥 세상의 변화는 게임 속 여성 캐릭터의 수적 증가와 다양한 재현 방식을 유도하고 있으며, 이 변화는 아마도 다시 사회·문화적 변화에 기여하고 있을 것이다. 이 흐름을 되돌리기란 쉽지 않다.

게임 산업은 남성 지배적 산업으로 남을 것인가

'SECTION 3. 게임 만드는 여성'은 게임의 생산장에 있는 여성들에 대한 이야기다. '퀸스피러시Quinnspiracy'로 불리던 미국의 '게이머게이트'와 우리나라에서 논란이 되었던 '클로저스 사태'는 게임의 세계에서 이용자(게이머)와 상품(게임 텍스트)만 중요한 것이 아니라는 점을 일깨웠다. 게임이 만들어지는 과정에 참여하는 수많은 익명의 노동자들이 어떤 사람들인지, 그들이 지금 구조의 유지나 재생산에 얼마나 기여하는지 등에 대해 질문하기 시작한 것이다.

잠정적인 답변은 모순적이다. 게임 산업이 기본적으로

남성 중심적이라 여성 노동자의 위치는 주변적일 수밖에 없고 대우 역시 상대적으로 열악하다는 우울한 답이 한쪽에 있다면, 그럼에도 불구하고 비교적 젊고 변화에 민감한 산업의 특성상 성차별적 문제는 빠르게 해결될 것이라는 낙관적 답이 다른 쪽에 있다. 물론 여성 소비자와 여성 개발자의 수가 늘어나고 외국 시장의 문화에 대응하면서 게임업계도 점차 성 인지 감수성을 높이고 있는 것은 분명하다. 그러나 방향은 그렇다 치더라도, 현 상황이 마냥 낙관적이진 않다. 게임 산업에서 여성의 커리어 파이프라인은 곳곳이 막혀 있고 줄줄이 새고 있다. 여성 임원진의 비율이 '티핑 포인트'인 25%에 달하려면 한참을 기다려야 할 것이다. 어릴 적 게임기를 만질 수 있는 접근성의 차이는 교육의 차이와 업계 진입의 차이로 직결되고, 이는 다시 업계 내 성공 여부로 이어지는 고장 난 파이프라인이기도 하다.

게임 주변의 보조적 생산자들, 예를 들어 비평가와 기자, 학자, 파생 콘텐츠를 만드는 게임 애호가 역시 게임 커뮤니티의 하위 문화적 속성 재생산에 직간접적으로 기여해 왔다. 게임학자 엠마 보센Emma Vossen의 비유대로, 섹스를 포함한 모든 놀이가 그렇듯 그 안에서 플레이어들이 지켜야 할 규칙이라는 것이 있다. 규칙은 신뢰를 바탕으로 작동한다. 합의되지 않은 방식으로 행동하려는 사람이 나타나는 순간 놀이의 목표는 달성할 수 없다. 보센은 게임 플레이 중 나타나는 트롤링을 강간에 비유하여 이야기했으나, 게임의 혹은 게임 파생 콘텐츠의 생산 과정에도 적용되는 비유이다. 즉 게임 세계가 남성 지배적 속성을 유지하는 이유 중 상당 부분이 게임 산업의 구조적 특성 탓이기는 하지만, 업계의 변화만으로 게임 문화 전체가 바뀌기는 쉽지 않다는 뜻이다. 그래도 게임 산업의 인식 변화는 좋은 시작이 될 수 있다.

모든 것이 젊은 남성 게이머 탓인가

그렇다면 지금 우리나라 게임 문화의 왜곡된 양상은 모두 젊은 남성들 탓인가? 이들 모두가 여성만 보면 욕설을 퍼붓거나 무시해 버리는 '마초' 게이머인가? 이들을 '교화'시키거나 '제거'하면 게임판이 깨끗해지고 바람직한 게임 문화가 만들어질까?

당연히 아니다. 이 책에서 거듭 언급했던 "겜부심 넘치는 자칭 진짜 게이머"는 어디에나 있는 다수가 아니고 특정할 수 있는 가시적 인물도 아니다. 미디어 학자 댄 골딩Dan Golding이 남성 중심적이고 하위 문화 지향적인 게임 문화가 거의 끝났다고 주장한 것이 거의 10년 전, '게이머게이트'가 벌어진 직후였다. 골딩의 평가가 완전히 틀린 것은 아니었지만, 남은 소수의 힘도 쉽게 사라지진 않는다. 이들은 실체가 있는 특정 인물이라기보다 사람들의 인식 속에 존재하는 전형이고, 그렇기 때문에 핀셋으로 골라내 제거할 수도 없다. 보통의 남성 게이머들도 유령 같은 이 진짜 게이머들을 비판하면서, 자신들의 무의식적인 폭력은 상대적으로 '허용 가능한' 행위라 생각한다. 개발자들은 게임을 만들면서 (어쩌면 자신들도 포함된) 이 유령 집단을 중요한 준거 집단으로 여기곤 한다. 게임 회사들 역시 온라인상에서 툭툭 튀어나오는 이들의 목소리에 심각하게 귀를 기울이는 것이 현실이다.

굳이 실체가 없다고 표현하는 이유는 게임에 대한 가장 진지하고 건설적인 비평을 하는 사람이 어느 날 게임을 하는 와중에, 혹은 게임 커뮤니티에 글을 남기면서, 혹은 친구들과 여성 게이머에 대한 품평을 하면서 잠깐씩 '진짜' 마초 게이머가 되기도 하기 때문이다. 여성 게이머들을 '배려'하며 욕도 전혀 안 하는 '나이스'한 게이머가 실은 여성을 손님으로만 여기는 남성 중심적 게임 문화의 수호자일 수도 있기 때문이다. 여성들도 좋아하는 재미있는 캐주얼 게임을 개발하는 기획자가 그래도 여성 캐릭터는 섹시하게 디자인해야 한다는 시대착오적 결정을 내리기도 하기 때문이다. 그러니 누구누구의 문제가 아닌 현상의 문제다.

이 책의 독자들에게 바라는 것이 있다면, "그래서 우리는 무엇을 해야 하는가?"에 대해 잠시라도 고민해 달라는 것이다. 여기서 '우리'는 게임에 진심인 젊은 남성이기도 하고, 상상 초월의 '현질'을 하는 중장년 '고래'이기도 하고, 캐주얼 게임을 잠깐씩 즐기는 남녀 청소년일 수도 있고, 폭언이나 쌍욕이 무서워서 성별을 숨기고 게임하는 '진성' 여성 게이머일 수도 있다. 즐거운 게임을 모두가 즐겁게 하기 위해 무엇을 하거나 하지 말아야 하는지에 대한 고민 말이다. 물론 답을 내기 쉬운 질문은 아니겠으나, 이 책이 스케치한 역사와 현실과 그 문화적 함의가 참조점이 되기를 기대한다.

인용하거나 참고한 문헌들

영문 문헌

Aarseth, E. (2004). Genre trouble. in Crumpton, M. and Murray, J. H. (eds). *First Person: New media as story, performance, and game*. MIT Press: 45-55.

Andrejevic, M. (2003). *Reality TV: The work of being watched*, Rowman & Littlefield Publishers.

Angela R. C. (2018). Women by women: A gender analysis of Sierra titles by women designers, in Gray, K. I., Voorhees, G. and Vossen, E. (eds.)(2018). Feminism in Play. Palgrave MacMillan: 21-35.

Behm-Morawitz, E. and Mastro, D. (2009). The effects of the sexualization of female video game characters on gender stereotyping and female self-concept, *Sex roles* 61(11): 808-823.

Butler, J. (2004). *Undoing Gender*. Routledge.

Centola, D. (2021). Change: How to Make Big Things Happen, Little, Brown Spark, 이충호 옮김 (2021). 『변화는 어떻게 일어나는가: 새로운 행동, 믿음, 아이디어가 퍼져나가는 연결의 법칙』, 웅진지식하우스.

Condis, M. (2018). *Gaming Masculinity: trolls, fake geeks, and the gendered battle for online culture*. Iowa City: University of Iowa Press.

DeWinter, J. and Kocurek, C. A. (2017). "Aw fuck, I got a bitch on my team!": Women and the exclusionary cultures of the computer game complex, in Malkowski, J. & Russworm, T. M. (eds.) (2017). *Gaming Representation: Race, gender, and sexuality in video games*, Indiana University Press: 57-73.

Eskelinen, M. (2001). Towards computer game studies. *Digital Creativity* 12(3): 175-183.

Frasca, G. (2004). *Videogames of the oppressed: Critical thinking, education, tolerance, and other trivial issues*, 김겸섭 옮김 (2008). 『억압받는 사람들을 위한 비디오게임』, 커뮤니케이션북스.

Fraser, N. (2016). Contradictions of capital and care. *New Left Review* 100(99): 117.

Gates, M. (2019). *The Moment of Lift: How Empowering Women Changes the World*, Flatiron Books, 강혜정 옮김 (2020), 『누구도 멈출 수 없다: 여성의 삶이 달라져야 세상이 바뀐다』, 부키.

Hayles, N. K. (2000). *How we became posthuman: Virtual bodies in cybernetics, literature, and informatics*. The University of Chicago Press.

Kerr, A. (2006). *The Business and Culture of Digital Games: Gamework and Gameplay*, Sage.

Lynch, T., Tompkins, J. E., van Driel, I. I., and Fritz, N. (2016). Sexy, strong, and secondary: A content analysis of female characters in video games across 31 years. *Journal of Communication* 66(4): 564-584.

Malkowski, J. and Russworm, T. M. (eds.) (2017). *Gaming Representation: Race, gender, and sexuality in video games*. Indiana University Press.

Manovich, L. (2001). *The Language of New Media*. MIT Press.

Massanari, A. (2012). *Gendered Pleasures: The Wii, embodiment, and technological desire*, Lexington Books.

Mejia, R. and LeSavoy, B. (2018). The sexual politics of video game graphics, in Gray, K. I., Voorhees, G. and Vossen, E. (eds.) (2018). *Feminism in Play*, Palgrave MacMillan: 83-101.

Moores, S. (2000). Media and Everyday Life in Modern Society. *Edinburgh University Press*. 임종수, 김영한 옮김 (2008). 『미디어와 일상』, 커뮤니케이션북스.

Mulvey, L. (1975). Visual pleasure and narrative cinema, *Screen* 16(3): 6-18.

Murray, J. H. (1998). *Hamlet on the Holodeck: The Future of Narrative in Cyberspace*. MIT press.

Negri, A. and Hardt, M. (2000). *Empire*. Harvard University Press.

Sarkeesian, A. and Petit, C. (2019). Female Representation in Videogames Isn't Getting Any Better. *Wired*. https://www.wired.com/story/e3-2019-female-representation-videogames/

Sarkeesian, A. and Petit, C. (2020). More Video Games Featured Women This Year. Will It Last? *Wired*. https://www.wired.com/story/women-video-games-representation-e3/

Shaw, A. (2015). *Gaming at the edge: Sexuality and gender at the margins of gamer culture.* University of Minnesota Press.

Soderman, B. (2017). No Time to Dream: Killing Time, Casual Games, and Gender, in Malkowski, J. and Russworm, T. M. (eds.) (2017). *Gaming Representation: Race, gender, and sexuality in video games*. Indiana University Press: 38-56.

Trepanier-Jobin, G. (2017). Video game parodies: Appropriating video games to criticize gender norms, in Malkowski, J. & Russworm, T. M. (eds.) (2017). *Gaming Representation: Race, Gender, and Sexuality in Video Games*, Indiana University Press: 90-105.

Turing, A. M. (1950/2012). Computing machinery and

intelligence, in *The Essential Turing: the Ideas That Gave Birth to the Computer Age*, Oxford University Press: 433-464.

Weststar, J. and Legault, M. (2018). Women's experiences on the path to a career in game development, in Gray, K. I., Voorhees, G. and Vossen, E. (eds.)(2018). *Feminism in Play*. Palgrave MacMillan: 105-123.

Yang, R. (2017). On 'FeministWhorePurna' and the ludo-material politics of gendered damage power-ups in open-world RPG video games, in Ruberg, B. and Shaw, A. (eds.), *Queer game studies*, University of Minnesota Press: 97-108.

Vossen, E. (2018). The magic circle and consent in gaming practices, in Gray, K. I., Voorhees, G. and Vossen, E. (eds.)(2018). *Feminism in Play*. Palgrave MacMillan: 201-220.

Young, I. M. (1980). Throwing like a girl: A phenomenology of feminine body comportment motility and spatiality. *Human studies* 3(1): 137-156.

Stebbins, R. (2007). *Serious Leisure: A Perspective for our time, New Brunswick: Transaction Publishers*.

일문 문헌

岩谷徹 (2005). *パックマンのゲーム學入門*. 김훈 옮김 (2012). 『팩맨의 게임학』, 비즈앤비즈.

국문 문헌/신문 기사

진보래. (2020). “인공지능은 우리의 친구가 될 수 있을까?” in 금희조 외 (2020). 『AI와 더불어 살기』, 커뮤니케이션북스.

홍태영. (2008). 문화적 공간의 정치학: 재현에서 표현으로. 『한국정치학회보』 42(1): 27-47.

〈게임메카〉 (2017. 7. 17.). 아줌마 넘어 할머니 개발자가 꿈, 여성 게임인이 모였다 (http://www.enuri.com/knowcom/detail.jsp?kbno=647297)

〈조선비즈〉 (2021. 11. 6.). 김지수의 인터스텔라, “인플루언서 효과는 착각… SNS 변두리 주목하라” 네트워크 석학의 조언 (https://biz.chosun.com/notice/interstellar/2021/11/06/67KDE34OXZB7NEY4OOIHMYY45I/)

한국콘텐츠진흥원(2023). 『2022 대한민국 게임백서』, 한국콘텐츠진흥원.

감사의 글

『여성 게이머는 총을 쏠 수 있는가』는 공저자 윤태진이 지도하고 김지윤이 썼던 석사 학위 논문에서 출발했다. 김지윤은 〈오버워치〉를 즐기는 여성 게이머들에 대한 현상학적 연구를 진행했고, 흥미로운 결과들을 만들어냈다. 이 연구 작업을 발전시켜 단행본을 펴내려던 것이 애초의 계획이었으나, 결과적으로 완전히 새로운 내용의 책이 되었다. 가급적 대중적인 독자들이 어렵지 않게 읽어주기를 바라는 마음에서 이론적 논의들을 최소화했고, 두 명의 저자가 협의하고 협업하는 과정이 반복되면서 김지윤의 석사 학위 논문과는 점점 거리가 멀어진 것이다. 하지만 그 논문이 우리 작업의 출발점이었다는 사실은 여전히 중요하다. 그래서 책의 제목도 논문 제목과 동일하게 정했다. 눈치챈 이도 있겠지만, 이 제목은 가야트리 스피박Gayatri Spivak의 저서 『서발턴은 말할 수 있는가?』의 오마주이자 패러디다.

사실상 이 책 내용에 실질적인 영향을 준 것은 연세대학교 커뮤니케이션대학원에서 개설하여 진행했던 '현대 게임 문화의 주요 쟁점: 인종과 젠더'라는 제목의 세미나 수업이었다. 저자 윤태진은 수업의 담당 교수였고, 당시 이미 졸업생이었던 공저자 김지윤은 유학을 준비하면서 이 수업을 청강했다. 16주의 수업을 통해 우리는 게임과 젠더에 관한 외국 문헌을 읽고, 우리나라 현실을 논하고, 종종 논쟁을 벌이기도 했다. 그 모든 내용이 이 책의 중심 아이디어가 되었다. 따라서 이 책은 수업을 수강했던 8명의 대학원생에게 많은 빚을 지고 있다. 특히 초고를 읽고 건설적인 제언을 해준 이경혁, 이상명 둘에게 감사를 전한다. 이 밖에도 집필 과정에서 아이디어와 자료를 제공해 준 많은 게임 연구자들과 현직의 관계자들이 있었다. 탈고가 지연되는 긴 시간 동안 믿고 기다려준 몽스북의 안지선 대표와 편집 작업을 꼼꼼히 해준 이미선 님도 있었다. 이들 모두에게 큰 고마움을 느끼지만, 그들의 도움만큼 좋은 결과물을 만들지 못해 미안함도 함께 느낀다. 모쪼록 누군가에 의해 훌륭한 후속 작업들이 이어지기를 기대한다.

여성 게이머는 총을 쏠 수 있는가

초판 1쇄 발행 2023년 2월 22일
지은이 윤태진, 김지윤
펴낸이 안지선

편집 이미선
디자인 야생녀
교정 신정진

마케팅 최지연 이유리 김현지
제작 투자 타인의취향
제작처 상식문화

펴낸곳 (주)몽스북
출판등록 2018년 10월 22일 제2018-000212호
주소 서울시 강남구 학동로4길15 724
이메일 monsbook33@gmail.com

ISBN 979-11-91401-67-7 03330

mons

(주)몽스북은 생활 철학, 미식, 환경, 디자인, 리빙 등 일상의 의미와 라이프스타일의 가치를 담은 창작물을 소개합니다.